我來決定誰留下，誰慢走不送

[冷眼網紅的人際溝通教科書]

DJ AOI

THE RELATIONSHIP BETWEEN
WOMEN IS A DRAG.

A prescription for relationships.

瑞昇文化

前言

人生在世無不涉及人際交往

常聽人表示人際交往既痛苦又疲累。不過，人際交往本來就是累人的差事，想要不費吹灰之力就搞定人際關係也未免太會打如意算盤了。畢竟，生活中最累人的事便是人際交往了，正因為有所付出才成就了我們今日的生活。

換句話說，若不具備「經營人際交往的心力」，日子是無法過下去的。人際交往就是如此重要，所以需要心懷感謝與敬意來付出心力。

相信也有人認為自己在人際交往上不曾吃過苦頭，但那純粹只是有環境可以依賴，尚未察覺到「用心經營人際交往」的重要性罷了。

也有人說不用在意周遭的眼光，只要照自己想要的方式過日子就好，坦白說，這是騙人的。不用心下功夫就想培養人際關係，只能說這是很厚臉皮的心願，流於自暴自棄的生活方式。

即便如此，或許還是會有人表示「自己能獨自過活，不必搞社交這套！」。有個詞彙叫「自立」。字典的解釋為，不靠援助、不受支配，能憑自己的力量行事。或許會有很多人認為這是指能自食其力過生活，不過實際上並非如此。人無法只憑一己之力活下去。有周遭的扶持人才能站得穩。人生在世必須對扶持自己的人們心懷感激與敬意，這才是真正的「自立」。

或許又有人會說，自身周遭大多是相處起來不用太費心的對象。千萬別誤會了。不必費心往來的對象就等於無關緊要的甲乙丙丁。

若自身所追求的是無需費心的人際關係，那麼周遭就只會剩下無關緊要的甲乙丙丁。如果覺得這樣也無所謂的話，那就請便吧！相信屆時一定會深刻感受到人際關係有多麼重要。

遇到幸運的事或奇蹟發生時，有些人會不加思索地感謝神明。但是，實際上讓奇蹟降臨的並非神明。愈重視人際交往的人愈容易得好運。一切全拜人際交往所賜。人與人之間是靠著用心交流培養出來的。

老是說人際往來很累人、不想為了這種事疲於奔命，諸如此類的話，是不可能會有奇蹟降臨的，甚至與真正的自立相差甚遠。

話說回來，這並不表示盲目地勞費心力就有成效。

既然都得用心下功夫，能搞懂正確的應退進退之道是最好不過的了。

首先，試著觀察自己的個性，因為最不了解自己的往往是自己本人。

接下來，請透過本書掌握與周遭人們的相處方式。

相信閱後應該能明白，人與人之間的相處雖然麻煩事一籮筐，但也不全然惹人厭。

希望大家能夠無負擔地培養人際關係，開心度日!!

CONTENTS

前言——人生在世無不涉及人際交往［002］

第1章 如何與他人建立良好關係［自我心態調適］

1◆在人際關係中，信用就是對未來的投資。想獲得信任必先願意給予信任［016］

2◆愈是悲觀主義者愈追求完美主義［020］

3◆不是真的受到傷害，只是害怕受傷害的悲觀主義者［024］

◆害・怕・陌・生・人［026］

4◆怕生者的不足之處［028］

5 ◆ 怕生者具有體貼待人的天賦〔031〕
6 ◆ 無法說NO之人的壞習慣〔034〕
7 ◆ 討喜的說話方式／惹人厭的說話方式〔036〕
8 ◆ 重點不在「別人怎麼想自己」而是「想如何做自己」〔040〕
9 ◆ 過度恐懼遭到討厭者之特徵〔044〕
10 ◆ 何謂心地善良的人？〔046〕
11 ◆ 期許自己能隨時成為特別之人心目中的英雄〔048〕
12 ◆ 老實認真也得不到什麼好處〔052〕
13 ◆ 容易受騙的人往往討厭自己〔054〕
14 ◆ 容易受騙的五大類型〔056〕
15 ◆ 愈有依賴心的人愈容易發火〔060〕
16 ◆ 累積負面情緒前先整理成言語〔062〕

17 ◆ 親切感與親和力的差異〔064〕
18 ◆ 沒根沒葉也能講到開花結果的流言蜚語〔066〕
19 ◆ 別輸給不負責任的言論〔068〕
20 ◆ 被害妄想重症者說明書〔070〕
21 ◆ 為何搞不清自身的長處呢〔072〕
22 ◆ 忍不住處處與人比較的人〔074〕
23 ◆ 謙虛美女與卑微醜女〔076〕
24 ◆ 人家看的不是臉蛋而是臉色〔079〕
◆ 自稱醜女的辯白〔082〕
25 ◆ 沒男人還活得下去，失去人際關係可是活不了〔086〕
26 ◆ 持續改變才是讓人際關係最佳化的手段〔088〕

第2章

別被周遭人們耍得團團轉

「與各類型人的相處之道」

27 為何總是注意到他人不好的一面〔092〕
28 總之一定都是誰有錯主義〔094〕
29 有討厭的對象又何妨〔096〕
30 愛炫耀與對此感到不快的人其實同等級〔098〕
31 老是看人臉色是無法獲得幸福的〔100〕
32 男人友情與女人友情的差異〔104〕
33 被消遣者的天敵〔106〕
34 自詡為女漢子的女性既粗魯又沒品〔108〕
35 完美主義者說明書〔110〕
36 天然呆們的苦惱〔112〕

第3章

這樣想就不難受［情緒處理說明書］

37 以「有用」「沒用」來評斷他人的人［114］
38 何種類型的人常說出多餘的一句話［116］
39 如何應付老是否定別人的人［118］
40 愛討拍取暖者說明書［120］
41 折衷與附和的差異［124］
42 害怕孤單而成群結隊的人都很無趣［128］
43 如何與搞不懂在想什麼的人相處［130］
◆ 或許自己也在不知不覺中做出「女子騷擾」行為［132］
44 愈是不擅長溝通的人，自尊心愈是莫名的高［134］
45 講電話就緊張［136］

46 ◆ 我們會喜歡的人其實就是能激發出我們好的一面的人〔138〕
47 ◆ 出口傷人樂此不疲的人們〔140〕
48 ◆ 以惡言惡語攻擊說壞話的人實屬一丘之貉〔142〕
49 ◆ 錯誤的冷處理技巧、正確的冷處理技巧〔146〕
50 ◆ 敵視朋友之人的應付說明書〔148〕
51 ◆ 幸或不幸乾脆一併相信〔150〕
52 ◆ 相信並不等於強行冠上自身的期待〔152〕
53 ◆ 由被消遣者視角來看消遣技巧的好壞差異〔154〕
54 ◆ 再繼續扮演被消遣者也很冷，就此罷手好不好〔156〕
55 ◆ 看誰都不順眼之人的應對說明書〔158〕
56 ◆ 名為厭惡的有害情緒，名為沒興趣的無害情緒〔160〕
57 ◆ 悲觀消極之人談心事，並非尋求解決，只是希望有人傾聽而已〔162〕

58 ◆ 易於交談與難以交談之人的差別〔164〕

◆ 難以交談之人（怕生型）易於交談之人（社交型）〔166〕

59 ◆ 傲嬌母親〔168〕

60 ◆ 當母親變身為怪獸時〔172〕

61 ◆ 何謂最好的孝行〔174〕

62 ◆ 學生的溝通能力與社會人士的溝通能力〔178〕

63 ◆ 與抱怨狂上司的相處之道〔180〕

64 ◆ 聚餐遇到性騷擾時的對付方法〔184〕

65 ◆ 意氣用事的笨蛋是最惡質的人種〔186〕

第4章

畢竟人就是得在人群中活下去【如何選擇往來對象】

66 ◆ 不必計較得失的往來對象應慎選之〔190〕

67◆稍加思索自己想要什麼樣的朋友〔192〕
68◆真朋友辨識法〔194〕
69◆朋友並非全然必要〔196〕
70◆身為朋友所能提供的最大幫助〔198〕
71◆什麼是摯友？〔200〕
◆朋友、損友、摯友的差異〔202〕
結語〔204〕

第1章

如何與他人建立良好關係

［自我心態調適］

01

在人際關係中，信用就是對未來的投資。想獲得信任必先願意給予信任

聽到有人說別人壞話時往往也會變得疑神疑鬼。

「這人或許也有說自己的壞話」

「這人或許不是很喜歡我」

思及此，便會覺得無法信任這個在自己眼前說旁人壞話的人。這倒也無可厚非。可是，若演變成「再也無法相信任何人了……」則是大錯特錯。

首先，如果聽到有人說他人壞話而覺得難受的話，只要自己不跟著做就好。因為自己應該已經很清楚「道人長短會失去信任」這個道理，因此我們必須隨時告誡自己勿輕言他人惡語。

話說回來，能在對方面前說他人壞話，代表彼此之間無所顧忌，也就是說彼此的距

離太近。保持距離，才會顧慮對方的感受。**不妨先試著抽離，直到能體認自己與對方是不同的個體，對方也會有自己的意見，必須予以尊重、彼此認同，並試著保持這樣的距離。**如此一來才能放輕鬆地與人交際往來。

在人際關係中，信任就是對未來的投資。想獲得信任，關鍵就在於願意先給予信任。常常有讀者問我「什麼類型的人值得信任、信賴？」，這是生性被動者很常見的壞習慣。建立信賴關係時，想先獲得對方信賴的念頭壓過自己必須先信賴對方的想法，才會湧現這樣的疑問。

「加以信任」是主動的。「獲得信任」是被動的。當自己處於被動姿態時，往往會不曉得該相信什麼才好。

決定信或不信，彷彿對他人秤斤論兩般，感覺不是很好。難道自己的立場偉大到可以評斷他人嗎？

在評估對方是否值得信任之前，請先試想，就對方而言自己是否為值得信任的對

象。別一股腦地期盼遇見可信任的對象，首先請讓自己能獲得他人的信任。這樣一來人際關係才會更拓展。而且人往往不會背叛自己所信賴的對象。

「搞不好那人會說我壞話……」

這樣的不安也會隨著獲得他人信賴而消失。

不道人長短
不信口雌黃
不洩漏秘密

信賴建立於「三緘其口」上

嘴巴要管得緊緊的，
若太輕浮可無法取信於人喔！

02

愈是悲觀主義者愈追求完美主義

樂觀主義者是能夠原諒自己與他人失敗的人，能接納自己的不足之處，也不會勉強自己刻意彌補，而是採取截長補短的方式。有些方面雖不在行，但某些方面卻特別突出，藉此取得平衡。因此就算有不擅長的事物也不會特別耿耿於懷。

另一方面，悲觀主義者卻是奉行完美主義。擁有的再多，卻永遠只看到自己的不足之處；若有人具備這些條件，就會將其視為比較對象，逕自感到沮喪。這類型的人無法接受不是十全十美的自己，只要有一項不足之處就會將自己全盤否定。與樂觀主義者不同，悲觀主義者無法忍受一丁點缺陷。不論各方面總要求自己努力達到平均值，卻又進展得不順利，不斷將自己逼入死胡同。

不擅長的事物，往往較難收到努力成效。若將這份努力挪到自己擅長的事物上，相信一定會比現在更有進步，但是悲觀主義者卻做不到。不覺得這樣真的很可惜嗎？

另外，悲觀主義者往往排斥給別人添麻煩。**排斥給他人添麻煩的人＝排斥感謝他人的人。**日本有句慣用語叫「ＨＯ／ＲＥＮ／ＳＯ（報告／聯絡／商量）」，這當中最容易被忽略的就是商量。因為有些人認為找人商量是給人「添麻煩」。沒錯，這就是悲觀主義者。不想給旁人添麻煩而選擇獨自煩惱。煩惱過頭適得其反，雖然最後想出答案，卻是沒有瞻前顧後的離譜判斷，結果仍是給周遭添麻煩而陷入自我厭惡的情緒中。

這也是完美主義的自尊心在作祟。只要放下這多餘的自尊，便不會對條件比自己好的人感到嫉妒，甚至敢給別人添麻煩。

互相添麻煩就等於互相感謝。造成麻煩才會心生感謝。**覺得找人商量會給人添麻煩的往往是商量者，被找來商量的一方都還挺開心的。**

心懷感謝與敬意是維繫人際關係最重要的因素。接納自己有所欠缺的部分吧。原諒不完美的自己。如此一來應該可以再有所成長。

麻煩的人特徵如下：

奉行完美主義卻很悲觀

容易受傷愁眉苦臉

對不幸很敏感

對幸福很遲鈍

旁人的惡意不疑有他

旁人的善意反覆猜疑

明明生性憂鬱多愁苦卻又自視甚高，
總是一廂情願認為「真實的自己不是這樣」。

現在的自己是由過去所作所為累積而成的。
今日的一舉一動都是形成明日自我的行為。
沒有行動就只能成就沒有作為的自己。

03

不是真的受到傷害，只是害怕受傷害的悲觀主義者

有人會說自己什麼都沒有，那是因為自己什麼都不做的緣故。衡量自己的標準並非「煩惱了多少」而是「做了多少行動」。唯有行動才是衡量自身的準則。

害怕受傷害所以對自己無所期待。
害怕被拒絕所以選擇不表白。
害怕不會實現所以不願擁有夢想。
害怕有天會消逝所以不敢奢求幸福。

愈是悲觀主義者愈會胡思亂想而選擇不採取行動。不從安全無虞的悲觀舒適圈中跳

脫出來，則無法擺脫缺乏自信的煩惱。

悲觀主義者其實毫髮無傷，卻因為畏懼受傷一直關在象牙塔裡。**其實傷痕累累的是樂觀主義者，真正需要有人伸出援手的也是樂觀主義者。**因為他們實際付諸行動，有時會碰壁、有時會受傷。悲觀主義者沒有做好受傷的心理準備，卻想要擁有自信也實在太厚臉皮。

首先請置身於可能會受傷害的環境。

請付出辛勞而非煩惱。

煩惱不會有結果，但付出的辛勞必有收穫。

就算付諸行動也不見得會成功，但至少不會再為了毫無作為而感到後悔。

害・怕・陌・生・人

極度恐懼會被他人討厭的人往往都很怕生
所引發的反彈心理會讓怕生者只在包容自己的人面前
將可能惹人厭的自己來個大解放
大要任性或肆意毒舌
愈是重要的對象愈不好好珍惜的就是怕生者

怕生者的壞習慣
一味在乎別人對自己的想法卻沒真正注意過對方
你怎麼想對方其實才是最重要的
怕生者
就連稱呼對方的名字也要猶豫不定
叫對方的名字明明是最快拉近彼此距離的方式

怕生者就連面對小嬰兒也會覺得不自在
說穿了其實是對與人面對面交流的自我本身感到困惑吧

若有人待自己好會立刻喜歡上對方的怕生者
明明想要對方看這裡，但一對上眼又急忙撇開視線的怕生者
愈是喜歡愈不敢行動的怕生者
還在磨磨蹭蹭時已被主動出擊的女人先馳得點的怕生者
悄悄愛戀又悄悄失戀的怕生者

怕生者在外表現得很文靜
但很多怕生者在少數幾個能敞開心房的朋友面前，可是不折不扣的毒舌派
似乎是想藉由毒舌來掩飾真實的自我
似乎也害怕讓朋友們得知真實的自我

愈是怕生的人
在外乖寶寶
在家耍任性
在少數朋友之間大開毒舌派對

04

怕生者的不足之處

怕生者的典型症狀。

・在外表現得很文靜

・在熟人面前愛使壞

怕生者大多會先聚焦在眼前對象的缺點上。因此，就算有心積極交流溝通，也只會從對方身上接收到負面訊息，沒留下任何正面訊息可回味，也就是只剩批判。

其實壞心眼的人最怕與初次見面的人相處。因為對對方一無所知也就無從下手欺負。這類型的人很多都是在家一條龍，在外一條蟲，怕生者如此，毒舌之人亦然。

怕生者的根本特質其實是「別人的不幸就是自己的快樂」。怕生者會將某個對象視為扶不起的阿斗，強烈希望能藉此證明自身的存在意義以獲取安全感，出自這樣的動機，才會專挑人家的缺點看。

那，怕生者在熟識之人面前又是什麼德性呢？當然就是大開毒舌派對囉。有交情，嘴下可就不留情。

該如何才能治好這種怕生者的症狀呢，其實方法很簡單。

感謝自己所擁有的，不在自身欠缺的事物上追求幸福。不幸之人不會聽取他人意見。過得幸福，自然就有餘裕傾聽。若能坦率地接納對方的意見，也就不會想方設法挑對方的缺點。

傾聽對方的想法是溝通交流的基本。請先踏出第一步，埋首於個人興趣或喜愛的事物上，讓自身變得幸福。

順帶一提，「怕生」的對照詞並非「善於交際」而是「失禮」。怕生者為避免對方感到不快只有選擇沉默。因此就算對方的缺點盡入眼簾，也不會當眾戳破而選擇閉口不談。「善於交際之人」為避免對方感到不快，會保持禮儀進退得宜。

怕生者明白做人要體貼客氣，再來只需學會禮節的拿捏即可。怕生者絕非失禮之人，只是不知該如何實踐與發揮禮儀罷了。只要能學會應對進退一定能打遍天下無敵手。

05

怕生者具有體貼待人的天賦

常聽怕生者表示，無法順利與初次見面的人說話而覺得很煩惱。

不過，如果對方也同樣是怕生者則出乎意料地能夠正常地談天說笑。這是因為自身與對方所擁有的距離感一致的緣故。有些人就是，這廂明明想保持距離，那廂卻毫無顧忌步步逼近，一下就被判出局。

因此，若對方比自己更怕生，言行舉止配合對方的距離感則至為重要。如此一來才能與對方有所交流。雙方立場對等進行交談是首要之務，之後再逐漸縮短彼此的距離，反而能夠恰到好處地調整雙方的距離感。

換句話說，怕生者不擅長的只有一口氣拉近距離這件事，不過自我感覺良好的人則恰恰相反，很多人只會以自己固定的模式與人交流，沒有內建配合對方調整距離感的功能。

不懂得拿捏分寸力邀對方開口聊天。如此一來，就算自己再怎麼開心，也只是換來對方瞠目結舌的反應而已，搞不好還會被對方認為話不投機半句多。

溝通其實就是調整距離讓彼此能自在交談，當距離感不平衡時自然會覺得渾身不對勁。

若問拒絕調整距離感的是哪一方，答案其實是自我者。但是，素來被冠上負面形象的不知為何卻是被稱為「怕生者」的一方，導致當事人也認為個性怕生是自己不好、無法好好與人溝通更不可取……之類的。

若要說何者有「溝通障礙」，那當然是自我的人。只不過他們本身並沒有自覺。自我者會認為之所以無法順利與對方溝通，是因為對方怕生的緣故，一點都不覺得是自己的問題。

怕生者確切感受到自卑感，會想辦法彌補所以不成問題。

怕生者會學習如何應對進退，逐漸提升自身的溝通能力。實際上，出社會後穩紮穩打地培養身為社會人士所該具備的社交禮儀的都是怕生者。

所以不用擔心。

初次見面卻外放過頭想要跟人溝通交流才是不知哪根神經搭錯線。**怕生者具備體貼待人的天分，所以不要覺得自卑喔。**

06

無法說ＮＯ之人的壞習慣

無法說「ＮＯ」的人，往往具備這樣的傾向，會將無法拒絕的原因怪到別人頭上。

比方說，朋友邀約參加某個自己不太感興趣的活動。雖然不想去，「要是拒絕會讓朋友面子掛不住」或是「如果不一起去的話，朋友就得一個人去，好可憐」之類的。

把無法拒絕的理由算在別人頭上，讓自己覺得心安理得。

「自己並沒有錯，都是對方的錯」，明明是自己不敢拒絕，卻要把責任算到旁人頭上，可是旁人並不會承擔任何責任。

假設我們被迫接手不想接的工作。照理說應該要嚴詞拒絕的，但對方態度強硬只得硬著頭皮接下。可是，對方也只會在我們造成無法彌補的過錯時才承擔起責任。但是，都已經走到這一步了，也實在為時已晚。

在責任產生與否之前，保護自己就是自身的職責所在。

拒絕、不拒絕皆取決於己。衡量的基準就在自己心中。捫心自問，真正想選擇的答案便自然浮現。

07

討喜的說話方式／惹人厭的說話方式

基本上，喜歡聊自己大小事的人往往容易被討厭。

不管談論的內容是傷心事還是炫耀，太愛講自己的事就會給對方留下「我並不想知道」「我對你的事根本沒興趣」的印象。話題老是繞著「我」「人家」打轉的人亦然。

再者，對傾聽者而言，聽著沒興趣的對象大聊私事，所有的內容也只是左耳進右耳出罷了。賣力自我剖析「我是何種類型的人」，只會讓對方心生反感覺得厭惡。

有些人針對自我高談闊論一番後發現對方並不領情，會認為自己「好不容易卸下心防」跨出這一步，卻熱臉貼人家冷屁股。可是說到底，打從一開始對方就不感興趣。自己愛說又愛生氣著實令人吃不消。不過，冷靜想想便能知曉其中緣由。就算大談自己的過往歷史，並不代表彼此投契。別忘了，要讓雙方打開心房是需要時間的。

另一方面，懂得討喜說話方式的人，往往不太聊自身事。他們會傾聽眼前人所說的話勝過聊自己的事，給予對方「我對你的事感興趣」的印象。最不可取的是，不少人也大略明白這個概念，卻還是喜歡聊自己的事，這表示根本沒有落實「討喜的說話方式」。

要讓對方暢所欲言也有小訣竅。表現出願意傾聽的姿態，自然會讓對方認為「這人是對自己感興趣的」，而樂於開口分享。

與其做個很會說話的人，還不如把目標放在「擅長讓對方吐露心聲的人」，這樣會比較受歡迎。記住，傾聽時身體要保持微向前傾的姿勢。

拙於讓對方吐露心聲或不得要領的人，不妨開門見山地告訴對方「我想多認識你」「請跟我聊聊你的事」。

再來，別讓對方有所顧忌，體貼相待是最基本的態度。暫且拋下真實想法，首先就是竭盡所能地讓眼前人開心。之後憑藉經驗與熟稔度的累積，只要有心，一定能夠漸漸做到「討喜的說話方式」。

有人對自己感興趣時，自己也會對此人產生興趣乃人之常情。假以時日，相信對方不會只顧著講自己的事，也會表現出願意傾聽的態度。

人際溝通的基本在於「對眼前人感興趣」。
愈有溝通障礙的人愈愛講不在場人士的話題。

察言觀色

慎選言詞

學習禮儀

讓眼前人覺得舒服自在

這就是溝通。

08

重點不在「別人怎麼想自己」而是「想如何做自己」

人總是想獲得周遭的喜愛，不管是情人也好，朋友也罷……。想獲得喜愛並非壞事，可是往往會令人變得有些膽怯。

比方說，明明想邀朋友遊玩，但顧慮到「是不是會給人家添麻煩」而作罷。即便鼓起勇氣開口邀約，若朋友剛好有事無法答應，會因為一開始自己就約得戰戰兢兢，而更加陷入負面思緒裡……

「果然還是造成人家困擾了」

「今後主動再約恐怕會被討厭。以後就別自己先開口了」

內心就會如上述般感到氣餒受挫。

為求不被討厭，言行舉止自然受限。一舉一動都要在意他人目光，早已不是原本的自己。只有「現在的自己」才能建立「當下」的自我。欲透過他人評價來建立自我只會落得一場空。

不過，也會有人表示，沒辦法，不想被人討厭只能這麼做。其實這樣的想法是錯誤的。

別怕被討厭。**就算被朋友討厭，天也不會塌下來，自己的人生也不會有任何改變。**「被討厭是很可怕的」想法多半源自於「被討厭後」的不確定感。諸如遭人討厭後或許自己的人生會變得一團亂……之類的負面想像。但實際上這是絕不可能發生的。被誰討厭不過只是人生中的芝麻小事。難道自己得和討厭自己的對象過一生嗎？應該沒這回事吧。既然被討厭了那也無法強求。悄悄地離開，再與其他人結緣就好。

就算有他人喜愛，若連自己都討厭現在的自己，剩下的只是不安。

動輒陷入「這樣真的好嗎？真的沒做錯嗎？」的情緒裡，只會讓自己張皇失措。

反之，就算被誰討厭，只要自己喜歡現在的自己，心思就不會動搖。能抬頭挺胸告訴自己，這樣就可以了，自己所選的路是正確的。

別讓周遭的評價過於左右心緒。**評價不過是過去的產物。**惡評也好，佳評也罷，別忘了，這些都不是用來衡量自身的標竿。

確實擁有自己的想法，而且善於表達，對周遭體貼客氣，卻不會有話憋著不說，懂得察言觀色卻不會被牽著鼻子走，能營造適當的氣氛，擁有好人緣，不怕被討厭，隨時樂於與人交心，言行舉止乾淨俐落，不過分認真、不過分胡鬧、不過分強出頭、不過分退縮，徹底掌握「恰到好處」的水溫，笑容能獲得信任的人就是能獲得喜愛的人。

可是受到喜愛的人也是會被誰討厭的。
這世上有些人就是討厭幸福洋溢的人，
所以不可能有人見人愛這回事。
所以會被這些人討厭也很合理。
寧可過得幸福被討厭而非莫名惹人厭。

09

過度恐懼遭到討厭者之特徵

無論是誰都盡量不想被別人討厭。但是，要做到人見人愛基本上不太可能。只要是人就是會有喜愛與討厭的對象。絕大多數人也明白這是無可厚非的事。

可是，當中卻有些人會過度恐懼被人討厭。這是因為自身無法喜歡現在的自己所造成的。正因為當下陷入自我討厭的情緒才會覺得旁人也嫌棄自己。

明明過度恐懼被討厭，但比任何人都還討厭自己的卻是自己本人。自我評價太低才會渴求他人評價，十分在意自己在周遭眼中是何模樣。所作所為不是自己真正想追求的，而是試圖符合周遭的期待。

就算成為符合周遭期待的模樣，但這真的是自己想追求的嗎？

連自己都不愛的人是沒有能力愛其他人的。
沒有能力愛其他人的人是不會為人所愛的。

若想獲得他人喜愛，請先喜歡自己吧。要做到這點，必須揮汗耕耘。努力的結果必定會顯現於人際關係上。能打從心底喜歡自己，便不再在意周遭的目光與評價。

只要肯努力很多東西便能手到擒來。不付出辛勞卻只是唉聲嘆氣、莫名恐懼，永遠也得不到「理想的自己」。

10

何謂心地善良的人？

常常會看到「心地善良」這個讚美詞彙。

心地善良這個詞，聽起來十分柔和，予人好印象。尤其不知道該讚美什麼好時，就會祭出這個詞彙。

可是，心地善良的人有時也會狠下心來。一旦認定無法再與某人相處或往來，就會立刻斷絕關係。否則，再繼續下去，壞話就會忍不住脫口而出。「能果斷放手的人」才有辦法做到和善待人。

還有一點很容易被誤解，好人不等於心地善良的人。因為心地善良的人有時候也會說重話。心地善良的人不會直接奉上對方想要的事物，而是提供對方所需的事物。

比方說，某人需要他人軟言安慰，心地善良的人會給予慰問。另一方面，若某人需要他人當頭棒喝，心地善良的人也能直言不諱。若某人需要自信獨立，不亂伸援手選擇靜靜守候的也是心地善良的人。乍看之下或許會覺得嚴苛，但這其實是誤解了「心地善良」的定義。怕被人討厭只會擺出好臉色的人，不過就是敷衍了事而已。確切明白「不出手的好意」勝過「出手援助的善意」的正是心地善良的人。記住，心地善良的人絕非人見人愛之人。

心地善良的人也是內心強大之人。知道什麼是正確的，能夠提供正確的判斷。不夠堅強，為人也無法敦厚善良。

再者，心地善良的人不會討厭他人。這是因為，他們不會介入干涉到心生厭惡的地步。這句話或許會讓人覺得有點冷血，卻是能保持和善待人的最佳距離。

11 期許自己能隨時成為特別之人心目中的英雄

所謂的人很好、大好人是非常在意周遭評價的，是屬於藉由他人評價建立自我價值的類型。

因此，只要受人所託就無法拒絕，收到邀約也無法推卻，即使對方對自己而言並不重要。

這類型的人認為若不做個老好人就會被討厭，只好化身拼命三郎，不管他人所託何事都會照單全收。當然，不可否認的，這當中有些人會表達「有你在真好」「謝謝你總是幫我」的感激。

可是，對討厭我們的人而言，不管我們怎麼做都難以撼動對方的觀點。討厭我們的人只是隨便找個理由解釋「討厭」的情緒罷了，為了這種人改變自我並不會有任何收穫。若仍舊執迷不悟，走不出要當個老好人才不會被人討厭的迷思，只要他人有事相求便照單全收，到頭來只會變成「很好利用的人」。

更進一步來說，來者不拒也會產生其他弊害。自己所重視的對象，例如朋友、情人，反而抽不出空檔與他們相處。時間都被無關緊要的人占走。

這又是何苦呢？

不過就是在意他人對自己的評價才不得不這麼做而已吧。

實際上根本沒善待到任何人，不管是無關緊要的對象也好，重視的對象也罷。

結果，自己也吃力不討好。不好好對待重視的對象，喜歡的人也漸行漸遠。到頭來變成為他人而活，真可謂吃了大虧。這就是所謂的人很好、大好人的下場，簡直就像捍衛地球的同時卻失去心愛之人的悲劇英雄。

別要求自己當個人見人愛的好人。將我們所重視的人、重視我們的人擺在第一順位著想，才能成就自身的幸福。

首先，**在自己心目中決定優先順位。**與誰的約定擺第一、自己真心想幫忙的是誰。

特別之人的存在，並不會給自己帶來什麼好處；即使不存在了，相信也不會對生活造成太大影響，可是，卻會讓自己非常傷心，說明了這些人在自己心中占有很重要的地位。所以請好好善待這些對象。

所謂的人際關係至上主義，
專為生產名為「好人」的「好利用之人」
而運作。
愈是愛嚷嚷人際關係的人，
愈想得到好利用的人。
聽從這種人的話
只會淪為被人狠狠利用的人!!

12 老實認真也得不到什麼好處

普世價值常將老實認真、好人當作是一種美德。亦有許多人期許自己做人認真老實、當個好人。但是，這二項特質並非絕對是美德。

老實認真的人、好人對社會而言不外乎就是「好利用的人」，會被當成工具人不斷遭到利用。

「才沒這回事！一定會有人看見自己的努力！只要挺得過必能得到好結果！」

有些人緊抓著這種毫無根據的希望一味忍耐，但實際上根本沒有任何人關注，也不會有任何好結果產生。事實證明，闖出名堂、出人頭地的人個個都是利己又任性，但又有本事讓人不得不服氣的強勢作風，這些跟「老實認真的人」或「好人」完全扯不上邊。老實認真的人只會吃虧而已，因為很容易被怪罪。就算苦不堪言還是選擇忍氣吞聲，結果反而比嘻皮笑臉的人更容易成為上司或前輩的開罵目標。

所以說，根本完全沒有必要老實認真或當個好人。上司或前輩總愛拿「好好認真做」之類的台詞來說嘴，其實只是想多備幾顆好利用的棋子罷了。照本宣科把這些話都聽進去也成不了氣候，苦幹實幹的出路就是淪為灌溉公司的養分。

勇於主張自己的任性。

並對自己的任性負責。

培養實力讓人不得不服這份任性。

想出人頭地，那就盡早卸下老實認真的好人包袱吧！

13

容易受騙的人往往討厭自己

容易受騙之人的特徵為自尊心很低，而且討厭自己。

討厭自己的人通常自我要求甚高，除非達到十全十美否則無法認同自己。理想愈高，愈會看到更多自身不足之處，進而認為「唉，自己就是沒用」。

既然已察覺自身不足之處，照理說只要予以加強即可，可是這類型的人因為自我唾棄，無法認可自己所下的判斷。

「想要有所作為，卻無法採取行動」

若內心經常這番天人交戰，久而久之自然就失去了正常的判斷能力。

在這樣的狀態下，若有人舌燦蓮花鼓吹一番，輕而易舉就會上當的案例多不勝數。

自我作主有所行動的人是相信自身判斷的人所以不成問題。
敢做敢當，能確實為自己的行動負責，可謂不易受騙之人。
就算被人天花亂墜大力鼓吹，終究有能力判斷自己是否扛得起責任，因此不會受騙上鉤去做遠超過自身責任能力範圍的事。
萬一真的被騙也只會是輕微擦傷，無需太過擔心。
人是很奇妙的生物，只有自我作主時才會衍生責任感。
人要做自己的主宰活著才值得。

14 容易受騙的五大類型

【怕孤單的人】

怕孤單者生性害怕與他人有所不同。

無法對同儕壓力說「不」的傷腦筋個性，很容易上「大家都在做」這套說詞的當，而被捲入一點都不想參與的事物裡。

【無法自行做決定】

無法自己做決定的人，是不想自己扛責任的人。

往往會栽在可以推託其他藉口而非自身之過的情況下。

若以戀愛打比方，諸如「最後一班電車開走了」「是對方硬要約」「喝醉了」之類的，只要有藉口可以推拖就會被騙上當。

【一慌大腦就停擺】

一焦急心慌起來就無法冷靜下判斷的人會被「安全感」所騙。

怎樣能讓這類型的人中計呢？首先把不利於此人的事物釋出，令其焦慮而奪去其思考能力。

之後再提供能使其安心的做法，此人就會完全不疑有他而上鉤。這也是騙徒的慣用伎倆。

【濫好人】

對溫情攻勢難以招架的濫好人只要動之以情就會受騙上當。這類型的人自以為「若沒有我的扶持，此人成不了事」而心甘情願鞠躬盡瘁。

這類型的人喜歡照顧他人，具有強烈母愛以致於過度保護，凡事都想插手幫忙。可是，「沒有我在就完了」的人事實上根本就不存在。會裝可憐博取同情的人只求有人能對自己伸出援手就好，可是沒在挑對象的。

【怕麻煩的人】

個性怕麻煩的人最喜歡追求「凡事就是要比別人輕鬆」。舉凡「輕鬆瘦身減重」或是「打工爽爽賺」等等，主打「輕鬆」的關鍵字最能擄獲其心。想要輕鬆走捷徑卻受騙上當，比誰都還怕麻煩的人，卻惹上最麻煩的結果。

若有人打著輕鬆的旗幟來鼓吹，首先得確認對方與自己的交情程度。

彼此之間有信賴關係嗎？

若彼此存有信賴關係的話，可在被騙也不會造成大礙的範圍內將計就計。

可是，若鼓吹者為來路不明的陌生人，彼此之間不可能有信賴關係，絕不能被這種人的話牽著鼻子走。

信賴關係並非一朝一夕可建立。

別忘了，全然放心並全盤信任陌生人是不切實際的想望，只是暴露自身的軟弱。

請記住**「信得過誰」這個信念是伴隨著自我責任的。**

請勿毫無責任地信賴他人。

懂得說「不」所代表的正是責任感的強度。

15 愈有依賴心的人愈容易發火

回顧過往，必須遺憾地承認絕對不會有「那時發火真是發對了」的想法出現。「無法順利表達自我主張的人」到最後會以發火方式宣洩。這是一種自我主張的選項已消失殆盡後的情緒表現，並不值得加以讚揚。

再說，發了一頓脾氣，罵贏了對方，好像也不會有獲勝的感覺吧，也不會感到心頭暢快，甚至還會覺得輸得徹底，產生罪惡感。為何會覺得輸了呢？因為與自己交戰的並非同樣發火的對手，而是無法順利表達自我的自己，這道理與幼童鬧脾氣如出一轍。

「發火」其實如同宣告自己敗北一般。愈發火愈覺得自己悲慘。

愛發火的人基本上依賴心很重。「無需言傳對方就能明白」的天真想法根深蒂固。缺乏確實將自己的情感訴諸言語的勇氣，會因為無法順利表達而悶悶不樂，就跟小嬰兒沒兩樣。

對方其實沒有如此地關心我們到無須開口表達就能明白一切的地步。不說出來沒人會懂。或許本人想藉由發火在心裡吶喊「為何你不懂我」；但是被罵的一方卻只是一頭霧水，所以接收到的只有此人很生氣這樣的訊息而已，所以無法做些什麼，也無從幫忙什麼。

仔細地將自己現在的感受、想法整理成話語。不開口表達真的沒人會懂。能坦率地以言語表達自身情感的人性情都很沉穩喔！

16

累積負面情緒前先整理成言語

為了不把場面搞僵，只好把想說的話忍住吞下肚。可是俗話說得好，積沙成塔。以往至今未被消化處理的小小不滿日積月累，超出自己的極限時，就會化成「憤怒」情緒來個大爆發。給周遭留下「這人一點小事就發火實在沒度量」的印象，可謂百害無一利。

沒有直接說出想法而是先吞下肚，我個人認為是正確的處理方式。問題在於後續，吞下肚的這股情緒該如何處理。

選擇不宣洩，任情緒累積的人，不將情緒化為言語，徹底壓抑隻字不提。這樣的作法很不好。

將情緒轉化為言語，內心思緒便得以獲得爬梳整理，且能察覺到自己為何生氣、為何感到不滿。這些言語所累積的成果會在各種溝通交流中一點一滴地發揮作用，幫助我們理性地排解壓力。

相反地，放任負面情緒累積，到頭來只會透過辱罵、暴力等形式宣洩；在那當下會失去理智，任由失控的情緒胡亂爆發。

話說回來，有些人或許不知道該如何將情緒訴諸言語。首先，**將吞下肚的情緒表達成文字，寫在記事本上。**接下來，透過每天閱讀，應該會產生一些疑問，再把這些疑問也一併寫下。反覆執行上述步驟，負面情緒就能以言語的形式獲得宣洩，也一併整理了自己的內心。如此一來，便不會為了小事發火，而能理性地排解壓力。

17

親切感與親和力的差異

「親切感」與「親和力」看似相同卻截然不同。不過，無論具備哪個特質肯定都不會吃虧。

「親和力」是與生俱來的特質；屬於人人皆有的自然本質。有時自己認為「應該改進之處」，在周遭人們眼中反而是「惹人憐愛之處」，這種特質就算想藏也藏不住。

「親切感」是後天養成的，也是一種掩藏真心顧全場面的技巧。「陪笑」就是最具代表的行為，可透過自我控制表現出來。

要在社會上立足生存，少不了最基本的「親切感」。但若為了佔便宜而使出渾身解數討好，反倒會被認為是「諂媚」，因此還是別濫用的好。

親和力是天生具備的特質，無法藉由後天學習加以發揮。活得像自己，這個特質自然顯現，藏都藏不住。可是，若為了獲取他人喜愛，陪笑臉裝和藹，只會顯得矯揉造作不像自己，埋葬了自身的可人特質。

親切感與親和力，能兩者兼具是最好不過的，不過若只能擇一，衡量的指標應該是放在**「喜歡或討厭具備哪個特質的自己」**，大過「別人是怎麼想自己」。

若連自己都討厭自己，更別指望別人會喜歡了。

18

沒根沒葉也能講到開花結果的流言蜚語

他人的流言蜚語，事實反倒是其次，重點在於夠不夠精彩。精采絕倫的流言蜚語是很難消除的，因為愈精彩愈會被口耳相傳。這一點，往往連我們自己都不知不覺地成了散播者。還有，把批判某人的流言蜚語說給周遭聽，也算謠傳議論，務必當心。

言歸正傳，如果遇到旁人散佈流言蜚語時該如何應對呢？

如果不想成為謠言主角，自己平時就不該助長謠言散佈，以實際行動證明自己的為人。正所謂相同的氣場會吸引相同的人。不道人長短，假以時日便能營造出與謠言絕緣的環境。爭執也得雙方水準旗鼓相當才吵得起來，大可不必為了與人爭執而降低了自己的水準。

就算被人散布流言，也該切記無需過度沮喪。會被散布流言是備受矚目的證明。不如來個逆向思考，自己成為謠言主角，也就等於知名度大增，應該要感到高興，多謝大家對自己這麼感興趣之類的。因為愈是情緒激動大作文章，散佈謠言的人們愈樂不可支。

同時，**別忘了，散佈謠言的人們其實並沒有真的對我們那麼感興趣。**就算我們引來眾人好奇的目光，但散佈謠言的人們卻是對我們一無所知。若因流言蜚語而受到注目，不妨把這當成一個自我宣傳的好機會，藉機讓其他人得以了解我們的為人。

他人得知我們的為人後，自然能立刻分辨謠言是真是假是對或錯。

19

別輸給不負責任的言論

他人其實是非常不負責任的，絕對不會為自己說過的話扛下責任。

打個比方，上班時間，職場同事跟我們說「這工作你做不來的，一點都不適合你，還是趁早離職吧」。但這番話是完全不必承擔任何後果的。倘若真如此人所言辭去工作，此人並不會為我們的「離職人生」負責，是自己得全盤背負這個責任。

聽取他人建議時也得留意，這畢竟無關建議者的人生，所以建議者不會覺得要對自己的意見負起重責大任。就算當下我們覺得是個好建議，也有可能並不適合自己。因此不妨先停下來靜心思考，評估對方的意見是否真值得言聽計從。

想獲得有意義的建議應該廣泛聽取各種意見。若只鎖定單一對象，難免會被對方的意見牽著鼻子走。

不過，就算向某個對象請益、廣泛聽取眾人的意見，最終做決定的還是自己。有時候甚至還會冒出一些無厘頭的人生選項。例如，好不容易進了現在的公司，卻想辭職挑戰當偶像，當然會被周遭阻止。但是，不試試又怎會知道呢！至少得等自己確實做出決定後，再來宣告失敗也不遲。這世上有太多不親身經歷便無法體會的事物。旁人只是一句「不適合你」便能讓我們打消念頭的話，不正說明了其實我們根本也沒懷抱多大的熱情嗎？

反正，自己的責任得自己扛。

所以，**想做就應該盡量嘗試。**

20

被害妄想重症者說明書

聽到有人講悄悄話：「好討厭那個人」

便沮喪地認為「或許是在說我……」

聽到有人講悄悄話：「好喜歡那個人」

又兀自沮喪地認定「反正不是我……」

這就是有強烈被害妄想的人。

負面消息照單全收，正面消息拒絕接收的便是強烈被害妄想者。

神經質地接收與自己無關的消息，逕自往壞的方面解釋，是低自尊與高傲心態在作祟。

以為所有人都對自己感興趣原本就是大錯特錯，且錯得離譜。

請放心。大多數人對「自己以外的人」是沒太大興趣的。在我們周遭的人，對我們也並非那麼感興趣。

捫心自問，我們自己也一樣吧！

那會對誰最感興趣呢？

沒錯，每個人最感興趣的對象就是自己。

所以，就算有人背地裡說壞話，只要轉念一想「這些人應該對我也沒太大興趣」就對了。

21
為何搞不清自身的長處呢

撰寫履歷，寫到「長處」欄時，筆就停了下來。明明缺點一下就寫完了，可是要羅列出自身的長處還真是考倒自己了。

那麼，他人的長處就能立刻列舉出來嗎？那些長處恐怕就是自己所不具備的吧！然而當事人幾乎未曾意識到自己擁有這些優點。

人們往往將自身擁有的強項視為「理所當然」，將自己缺乏的特質視之為「特別」。即使擁有再出色的能力，能完成旁人無法做到的事，仍舊當作是自己「理所當然」的本領。

心地善良的人不會認為自己待人好有什麼特別，就是天經地義理所當然。

手巧的人能輕鬆完成細微的作業，他們也不認為這有什麼特別。

會產生「為什麼這人連如此簡單的事都做不來？」這樣的疑問，是因為那對自己來說是理所當然能辦到的事物。對於無法達成的人而言，這個「理所當然的能力」就會被視為長處。

只有理所當然做得到的事物才能讓人長久持續下去。而這個**理所當然的特質就是自己的魅力所在，是一輩子都伴隨著我們的長處。**相對地，我們無法認為是理所當然的部分，或許尚未完全成為我們的長處。

並不需要特意發掘自身的長處，因為一定會有人告訴我們的。屆時只要點頭表示「是喔！原來是這樣呀～」就好。

22

忍不住處處與人比較的人

愛拿「自己與他人」比較而失去自信的人，究竟是何種類型的人呢？

會最先被拿來與他人相比較的點，其實就是自己覺得不如人的部分。簡而言之，就是會與自身的短處做連結。

被拿來當作比較的對象所擁有的「長處」其實就是我們自認為不如人的部分。換句話說，我們是拿自己的短處和他人的長處比。這種比較法，註定要輸人家一大截。所以自信才會被擊潰到體無完膚的程度。

「忍不住處處與人比較的人」其實也大同小異。比方說有位女性「個性溫婉但廚藝不佳」。而她的男朋友是位「忍不住處處與人比較的人」。這名男性不知不覺間會把焦點都集中在這名女性「廚藝不佳」的弱點上。

假設這時出現了一位「廚藝絕佳但個性很糟」的女性。但對現階段的這名男性而言，「廚藝不佳」的不滿蓋過一切，根本無暇顧及這名女性的個性好壞與否。

再假設他的女友換成這位「廚藝絕佳但個性很糟」的女性。

過了一段時間後，他對「那女人個性實在糟糕」的不滿又強烈到蓋過一切。心頭的不滿會無限輪迴的人其實就是「忍不住處處與人比較的人」；亦等於「沒有看人眼光」的人。

沒看人眼光的人所給的負評，一點都不值得傷心。我們只管努力「做好自己」就好。

不管誰怎麼說，能夠成為喜歡自己的人才是贏家。

23

謙虛美女與卑微醜女

美女的條件不光是外表，還包含了視覺感受、言行舉止、服裝儀容等綜合因素。美女與否，就只是一種感官印象，而非以評分來衡量。

話說回來，何謂美女？何謂醜女？

美女其實是「擅長塑造美女形象的人」。再美的人都會有缺點，與醜女並無太大差異。只不過因為有「美女」這道護身符加身，缺點不會被人家視為短處，反而是「可愛迷人之處」，正可謂美女的特權。

另一方面，醜女其實是「擅長塑造醜女形象的人」。就算身上的缺點與美女差不多，但受醜女形象連累，缺點並不會被人家視為「可愛迷人之處」。不管做錯什麼，美女會讓人覺得「可愛討喜」，醜女卻會惹人大罵「搞什麼呀，醜八怪」。美女抑或醜女，給人的印象不同，人生也跟著大不同。

那麼，擅長塑造美女形象的人與擅長塑造醜女形象的人，根本差異是什麼呢？

差在態度是謙虛還是卑微。

美女時時保持謙虛的態度，找出對方的優點；但不會與自己比較，而是劃清「你是你，我是我」的界線，懂得尊重對方，讓對方感到自在舒服。

相反的，**醜女無時無刻感到卑微，**拿自己與其他人做比較，認為對方的優點就是自己欠缺的部分，逕自感到沮喪。不但不會讚美他人，還反過來責怪自己。眼裡沒有別人，永遠只看到自己，當然只會給人留下「醜女」的印象。

謙虛美女不會與他人做比較，這份獨立性就是美麗的來源。卑微醜女無法在自己與旁人之間劃清界線，不願做自己，只想變成別人。欠缺獨立性就是醜陋的根源。

承前所述，美女與否並不光取決於外表。要知道，維持美麗可是很辛苦的。內在醜女當然也能營造出表面美女的形象，可是要持之以恆卻非易事。到頭來，還是會覺得**當醜女輕鬆多了。**醜女不愛努力，才會選擇當醜女，落得輕鬆省事。

生為女性，能夠讓自己變成美女的只有自己喔！

24

人家看的不是臉蛋而是臉色

出門時妝容不馬虎，穿著打扮也講究，周遭的人都納悶「這樣怎麼還交不到男朋友」。

其實私底下在家很邋遢，就算被告白，也只會認為「這人不過是相中我的外表……」無法對對方產生好感。

如果內在也能跟外表一樣吸引人就好了。

畢竟，金玉其外敗絮其中，遲早有一天會穿幫的。

或許有人會說，反正大家還不是只看外表，內涵根本是其次，但絕對沒有這回事。

因為內外是相輔相成的。

注重外在也會影響到內涵；充實內涵也會顯現於外在。

差別只在先從哪一方面著手。

由此可知，謙稱「自己只有臉還可以……」的人，內在也絕非醜女。

知道我想表達什麼嗎？

明明長得不錯，卻交不到男朋友。

明明長得不錯，卻無法被視為戀愛對象。

那是因為不論內在還外觀都是醜女的緣故。

「因為我沒有內涵才會這樣……」會有這種誤解代表是個不折不扣的醜女，還請有所自覺。

第一印象觀察哪裡雖因人而異，但觀看對方臉蛋時，幾乎是在觀察臉色。

臉色取決於生活習慣。

早睡早起、打掃、洗衣或整理家務、適度的運動搭配規律的飲食、工作上的學習或學業預習與複習等等，該做的事絕不馬虎。

讓生活變美好。

正事做完還有時間再來愛美琢磨外在。

這就是所謂的美得從容。

在髒亂的房間中不管如何努力使外表變美，也無法成為美女。

不改變生活的醜女作風，不管如何縫縫補補，臉色依舊是醜女。

聽懂了嗎？醜——女，醜——女！

自稱醜女的辯白

我們極端不甘寂寞
一旦覺得寂寞就會立刻變心
但這都要怪你冷落我
既然要交往就要做到無微不至別讓我感到寂寞

我們極端容易受傷
可是對人也稱不上體貼
因為我們顧自己都來不及了
或許我曾傷了你
但拜託你千萬別讓我傷心

我們極端怕生
所以也沒辦法好好跟人打招呼
可是其實內心是非常想對你敞開心扉的
所以拜託請主動與我交談讓我有機會接近你

我們極端毒舌
總是在背後說人家的壞話
但這是心直口快的個性使然我們也沒轍
並非心存惡意
所以拜託別對我們所講的壞話興師問罪

我們極端善妒
無法真心祝福朋友的幸福
但這都要怪比我們搶先得到幸福的朋友不好
既然身為我的朋友請先成全我的幸福後再追求自己的

我們極端有依賴心
但那是因為太喜歡你的緣故使然我們也沒轍

讓我太喜歡你都是你的錯
而非我有錯
所以拜託你要負起讓我變得如此依賴你的責任

我們極端缺乏自信
是毫無自信的可憐弱勢族群
伸出援手幫助弱勢族群乃天經地義
互相扶持世界才得以運作
所以拜託請幫我這個弱勢族群建立自信

我們極端缺乏幹勁
不管做什麼只會唉聲嘆氣
但我們其實是做得來的
只是不想做而已
所以拜託別只看結果而是相信我們的潛能

我們極端不善言詞
無法坦率地吐露真實想法
但我們會確實給出暗示
就算不說你也應該心領神會
所以拜託千萬別漏看了我的暗示

我們是超級渣女
這點我們還是有自覺的
所以給周遭添麻煩也是剛好而已
不想做的事就擺爛也是剛好而已
畢竟我們是渣女嘛
所以拜託別責備我還請溫柔關照我

25

沒男人還活得下去，失去人際關係可是活不了

有些人覺得參加徵婚活動或聯誼很提不起勁，這倒也無可厚非，畢竟參加目的就是找尋未來的人生伴侶。力求表現，結局卻是揮棒落空遭到三振，不免口出惡言犯嘀咕「老是失敗，真可惡！」

再加上與會女性全都是敵人，好男人是大家覬覦的獵物，宛如身處群雄割據的戰場一般。若想躋身佼佼者齊聚的正義戰場，還得歷經幾番廝殺才冒得出頭，壓力難免上身。

那該如何做才能心態輕鬆地參加徵婚聯誼活動呢？

只要把尋找終生伴侶這個終極目標拋諸腦後即可；把參加這些活動當成拓展自身交

友圈的機會就好。終生伴侶只限一人，朋友愛交幾個都ＯＫ，而且不拘男女。不管是被自己視為敵手的女性也好、鎖定為獵物的男性也罷，甚至非狩獵目標的男性都可以交朋友。

形成人際圈後，又會再衍生出新的人際圈。只要能在人際圈衍生的過程中遇到理想對象，發展為戀愛關係便皆大歡喜。

請別只對異性感興趣，應試著親近在場所有人。與其磨拳霍霍要抓住好男人，倒不如用心拓展人脈才有機會遇到好對象。

所謂的人脈，必須努力跳脫所處環境才有辦法拓展。不限徵婚聯誼活動，挑戰新事物也有同樣的效果。最簡單的做法就是換個工作。

26

持續改變才是讓人際關係最佳化的手段

當一個人有所改變時，原本在周遭的人們或許會隨之離去，這也是無可奈何的。有些關係我們不願生變；有些人我們不願他們離開。但若拘泥不肯放手，只會一成不變永遠不會有所成長。委曲求全所換來的一方天地只會讓自己覺得喘不過氣，因為對自己而言那已非最適合的環境了。

當然，有所改變並不代表所有人都會離我們而去。一如往常般在身邊關照著我們的人仍在。他們總是清楚明白我們未曾改變的特質。雖然人會不斷改變，但一定有些部分是從國中開始就不曾變過的。

改變也會帶來認識新朋友的機會。新朋友再加上始終關照著我們的人，在這樣的人際圈中，應該能夠建立屬於自己的一方天地吧！所以應當看重的並非因我們改變而離開的人們。

沒有必要執著於過去的環境，一定會有環境是適合改變後的自己，也一定會遇見喜愛我們的對象。

別怕改變。

若恐懼退縮，那自己永遠無法更上一層樓，只會讓自己愈活愈古板老舊，最後只剩凋零一途。

第2章

別被周遭人們耍得團團轉

［與各類型人的相處之道］

27

為何總是注意到他人不好的一面

「注意到他人不好的一面而感到心煩氣躁」，其實幾乎都是「心煩氣躁才會專挑人家不好的一面看」。

這心煩氣躁的原因，無非就是達不到自我肯定所產生的自卑感所引起的。這種時候，便是迷失「自我價值」之時，會對自我本身的存在感到疑惑。

人與人之間，必須「彼此對等」才能夠安心交流往來，因此心理機制會將自己與對方的價值等同視之。也就是說，當一個人能確實自我肯定時，就會想賦予對方同等的價值，才能注意到對方好的一面。相反的，自我評價甚低時，在心裡也會同等地降低對方的價值，導致放眼所見都是對方壞的一面。

莫名原因的心煩氣躁是自我評價變低時的初期症狀。這時自己應當力求改變，將對他人感到煩躁不耐的這份精力，化為改變自我的原動力。

順帶一提，其實每個人都能看出「他人不好的一面」，但是否會因此心煩氣躁又是另一回事。人是耳濡目染的生物，**盡是挑人家不好一面看的人，就是受到壞影響，往壞的方面走去，變得愈來愈糟。**

反之，要看出他人好的一面需要眼力觀察。聰明人會愈發努力觀摩這些好的一面而有所成長。用心注視對方才能提升觀察力。欠缺觀察力的人眼中只有自己，難以對焦他人。請時刻提醒自己保持對他人的關注喔。

28

總之一定都是誰有錯主義

缺乏自信無法理直氣壯時，往往會將過錯推給別人，因為自己可不想莫名成為壞人。

可是，有些時候其實錯不在任何人身上。比方說，突然被朋友放鴿子。或許有些人會說，都被放鴿子了難不成自己還有錯？不過在思考誰對誰錯之前，應該要先擔心朋友「是否發生了什麼事」才對吧？拗脾氣的人總會立刻把自己想成被害者，覺得我受傷了，我好可憐之類的。在生氣悲傷之前應當要先聽聽對方的說詞，而且彼此的觀點不同，有必要加以整合從中取得妥協。這樣才能做到「深談」而非「吵架」。深談與吵架的差別在於「言談之間是否帶有善惡批判」。深談有助於加深彼此情誼，而吵架只會消磨彼此的感情而已。

可是，有些人會說，雙方怎樣就是沒辦法好好談談，總是演變成吵架的局面。在這樣的情況下，先養成關切對方的習慣，「究竟是怎麼了呢？」「是不是發生了什麼事？」這是身為友人最基本的體貼。先把自己的情緒放一邊，想想對方的處境。如此一來自然不會發生口角。

理直氣壯有自信並非壞事。有自信，也就不會流於情緒化。

忍不住想怪罪別人時，請先掂掂自己那不太有份量的自信。如此一來應該能立刻明白，其實只是彼此的意見有出入，而非誰有過錯。

29 有討厭的對象又何妨

有喜歡的對象就會有討厭的對象，此乃人之常情。好惡的情緒是自由的，即使討厭誰，只要不傷害到人都無可厚非。重點在於行為要有約束，但情緒無須牢牢鎖住。

沒有討厭的對象其實也不是什麼好事。

對他人不感興趣的緣故使然才會如此。所以請原諒討厭某某人的自己。禁止自己討厭誰，只會讓自己待人接物的態度變得漠不關心而已。

有些人會試著壓抑喜歡某某人的情緒，但這不可能辦得到。愈想要求自己不要喜歡，反而越陷越深，掉入惡性循環的深淵裡。討厭的對象亦然。愈想要求自己不要討厭人家，那人的一舉一動反而會顯得更礙眼。

認為「不喜歡討厭別人的自己」或「自己這樣個性好差」之類的，老實說，真的沒必要。請記住，個人好惡並沒有善惡之分。用不著努力喜歡自己所討厭的對象。跟討厭的對象只要禮貌性往來就好。若有人表示，不喜歡對方就無法與此人建立人際關係，那我只能說，有這種想法的人也實在太不成熟了。若無論如何都不允許自己討厭誰的話，**就請丟掉對「討厭對象」所抱持的「改進」期待。**如此一來，「討厭的對象」就會變成「無關緊要的對象」。

討厭一個人有討厭一個人的相處方式。若只願意與欣賞的對象構築人際關係的話，人生會變得很乏味喔！

30

愛炫耀與對此感到不快的人其實同等級

有道是「炫耀乃自卑感作祟」，大部分的情況的確如此。時刻在意周遭風評所產生的自卑感，衍生出渴望提升周遭評價的自我表現慾。

不過，其實此原理也適用於對他人的炫耀感到不快的人身上。本身的自卑感被他人的炫耀所刺激而感到心煩難耐，正是所謂的「同類相斥」。

說穿了，有比較對象才會有「炫耀」。「我比你更怎樣」的比較心態催生出炫耀行為。如果話中並無比較對象，單純只是「交代狀況」卻還被認為是炫耀的話，那可是聽者的問題了。逕自拿自己的情況與對方相比，還認為人家是在炫耀。

說不定對聽者而言，那剛好是自身的不足之處，而擅自解讀為「這傢伙故意在我面前露出『我有你沒有』的態度」。所以說，我們無從得知他人對「炫耀」的標準在哪。面對自卑感很深的人，不管說什麼恐怕都會被當成是炫耀，因此說者只能小心應對。總而言之，原因就是出在缺乏自信，所以才會認為「人家又來炫耀」。

愈愛炫耀的人其實愈討厭人家炫耀。愈是討厭聽人家炫耀的人，愛現時愈能巧妙包裝談吐內容，不會讓人聽出其實自己是在炫耀。

若自己對他人的炫耀感到不快，正說明了其實彼此半斤八兩。與其想方設法封鎖他人的炫耀，不如讓自己成為更好的人，能對他人的炫耀一笑置之才是大智慧。只是聽人家炫耀就覺得心煩難耐，可見在人生路上還有好一大段路要修練喔！

31

老是看人臉色是無法獲得幸福的

做著自己想做的事會被無法如願的人疏離，
自己凡事樂在其中會被開心不起來的人疏離，
自己過得幸福會被無法獲得幸福的人疏離。

這樣的現象出現在各種人群團體裡。

近年來，人人皆可透過社群網站發表動態。於是乎，開始有人表示，這些發文每篇都令人感到不愉快。

上傳親手做的料理會被批是在賣弄賢慧，自拍照太多又會被轟自戀。尤其是推特，有些人甚至會產生錯覺以為貼文全都是針對自己寫的，但其實根本沒有誰找你說話好嗎？逕自會錯意，逕自氣得跳腳。忍不住想問，到底誰才是自我意識過剩啊！我幹嘛得隨時發表討你歡心的貼文啊！

原本推特就只是用短文抒發心情的微網誌。以前真的可以自由地發表言論。推特的動態時報常被喻為迴轉壽司，只取用自己想接收的資訊就好。

如今社群網站百家爭鳴，使用者眾，有些人就開始感到排斥抗拒了。想紅的人、眼紅的人摻和成一團，相互攻訐謾罵。

若說在社群網站發布貼文時該注意什麼，那便是別忘了自我責任與基本禮儀。社群網站真的是很方便的交流工具。不論是偶像也好，美國總統也罷，都能隨興攀談。但方便可不能當隨便，切莫忘了人與人之間最基本的禮儀。「這樣講是不是很失禮」「講這種話會不會讓對方不高興」像這樣體恤對方的感受，是不分現實世界與社群網站的。

其實沒禮貌的人還挺多的耶。明明是第一次留言，語氣卻裝熟，讓人忍不住想吐槽「你是我朋友嗎！」

愈是沒禮貌的人，愈會誤以為社群網站上的所有言論都是針對自己所發的而氣急敗壞。

懂禮儀的人會保持著禮貌性距離，不會囫圇吞棗胡亂相信，懂得略過與自己無關的發言，不予理會。

社群網站並非任人無理取鬧的工具，也不是三不管地帶。別忘了基本禮儀，在這裡該享受的是自由而非無法無天。

總之，結論就是，社群網站不是用來交朋友的。

社群網站這玩意兒
並非什麼交流工具。

現實中不敢明言的情緒
透過文字呈現出來
將自我情緒賦予形體
藉以確認自己感受到什麼、想做什麼的匯出作業。

別把顯示於動態時報中的貼文
誤以為全是針對自己的言論
而逕自氣急敗壞、逕自失落難過！

32 男人友情與女人友情的差異

男人的友情是，即使有了情人也會以朋友為優先。諒解這種哥倆好友情，是女人的愛情表現。

女人的友情是，當朋友有了情人便會主動退出讓朋友能以情人為優先。明白這種姊妹淘心理，體貼寒暄「偶爾來玩喔」，是男人的愛情表現。

俗話說女人的友情比火腿片還薄，實際上卻不盡然。真正有交情的朋友，往往會主動退一步。絕不會怪罪朋友有了異性就沒人性。可是信奉沒朋友會死主義的人則反其道而行。她們不允許單獨一人所擁有的自由，會將被孤立的痛苦加諸在他人身上。

這二種友情，貌似相同實則全然不同。不過以朋友的幸福為優先的友情還是佔絕大多數的；看起來雖薄情其實很牢靠。

順帶一提，不是都說男人重友輕色嗎？不過，**有時候男人的友情只不過是用來當作藉口搪塞而已，**感情根本沒那麼深厚。經常說「今天跟朋友有約耶～」的男人，起碼得懷疑他一次。當然，學生時代的社團活動，大家擁有相同的目標，可是有革命情感的（？）可是出了社會，大家各奔東西，也沒有什麼共同的話題，一年見個一次就很足夠了，關係應該沒有好到每周都得聚首的程度。

33

被消遣者的天敵

【被消遣者的特徵】

- 怕生卻又勉強自己刻意掩飾
- 天然呆的個性會在重要場合發揮得淋漓盡致
- 不太跟大家一起嚼舌根（有很多顧慮）
- 常被人說我行我素，其實是因為內心焦慮匆忙行動
- 與其取笑他人博君一笑，寧願自我解嘲娛樂大家
- 基本上是M屬性的超級被虐狂
- 容易被S屬性的虐待狂吸引，也容易被自稱是超級虐待狂，其實只是人格缺陷者所掌控

・情緒激動時會淚灑現場，所以總是刻意控制情緒維持一貫笑臉
・來者不拒去者不追，無法表達自我主張的個性
・個性謹慎低調，不過偶爾會衝動做出驚人之舉

個性天然呆的被消遣者基本上是被虐狂，跟虐待狂很合拍，但得當心自稱超級虐待狂之輩。虐待狂就是要讓個性被動的被虐狂感到心悅誠服。真正的虐待狂個性積極，極具服務精神。虐待狂的縮寫S，指的是服務（SERVICE）的S。

可是，只想藉由優越感滿足自我，自稱超級虐待狂之流可千萬沾不得。**如果他們使出不入流的消遣招數，請使出渾身解數表現出「蛤？」的反應來過招。**自稱超級虐待狂的人只會想到自己，大多心性膽小，如此出招便能把他們嚇跑。

應付超級虐待狂與自稱超級虐待狂的方法，可得確實分清楚。

34

自詡為女漢子的女性既粗魯又沒品

好女人是有好人品的。

自詡為女漢子的女人則人品欠佳。作風粗魯不等於爽朗不拘小節。以不入流的方式取笑消遣他人以滿足自尊心的鼠輩亦非女漢子。

想讓自己看起來像個不拘小節的爽朗女性，可是實際上個性卻粗鄙又死纏爛打。

真正的女漢子是指，比任何人都更重視「自己是自己，別人是別人」這項原則。所以，她們擁有堅定信念，認為「別人要怎麼想是別人的事」。絕不會利用旁人來打造自己不拘小節的爽朗形象，更不會刻意說嘴「姐就是女漢子一枚」。

還有，自詡為女漢子的女性很常說「我就是忍不住有話直說～沒有惡意喔～」。若真信了對方沒有惡意可就完全大錯特錯。想說什麼就說什麼的女性不過就是擁有瞬間爆發力罷了，並沒有判斷能力思考這是否真的是自己想表達的。能清楚明白自己想表達什麼的人其實不多，所以才需要確實地釐清思緒，有必要說的才說。這才是所謂的人品。

再者，嘴上說「沒有惡意喔～」，但這話百分百包藏禍心，這種人不但言談間充滿惡意，見到有人因這番話受傷，便會內心竊喜。受傷後忍不住自我安慰「這人其實沒惡意」的心理我懂，但這只不過是不想遭人討厭而選擇逃避現實罷了。打著沒有惡意旗幟的人，專挑這種類型的人下手大放厥詞。

別怕被這種人討厭，勇敢地與其保持距離吧！

35

完美主義者說明書

完美主義者在你心中是何種形象呢？

做事高效率？有點老古板？

其實，怕麻煩的人還挺多的。

一心追求完美，不由自主地將眼前必須解決的事物難度無限上綱，之後才嫌處理起來太麻煩。

比方說，整理房間。必須收拾到一塵不染的想法，正是後續心裡嫌麻煩的源頭。所以實際上愈是完美主義者，房間愈亂的情形還頗多。

一旦著手整理不徹底收拾好便不善罷甘休的正是完美主義者。

這個完美主義拿到職場人際關係上可就棘手了。伴隨完美主義所產生的「嫌麻煩」心態，也會投射到他人身上，導致自己心煩難耐備感焦躁，結果也會強迫別人也要做到盡善盡美。專挑他人的短處看，老是在生氣，這種在上位者的完美主義其實是三流的象徵。**明白自己無法做到十全十美的人就比較隨意。**這也並非壞事。因為不會要求別人也要做到完美，自然會注意到他人的長處更勝於短處。

上司是完美主義者的下屬其實挺可憐，不管做什麼都會挨罵，所以也別太認真，上司的話聽聽就算了，或者表面上裝做圓滿達成上司所要求的任務才是上上策也說不定。

36

天然呆們的苦惱

會被稱作天然呆的人通常欠缺臨機應變的能力。因此，不管置身何種環境，總是毫無惡意地「做自己」，原原本本地表現出想法與感受。

這對注重場面氣氛的人而言是無法理解的現象；無法理解的事物會讓人覺得畏懼。所以，只好將這些無法理解的言行舉止放入「天然呆」這個框架裡。

一旦被烙印下天然呆的印記，不管說什麼都會被當成調侃的箭靶，或是成為被消遣的對象。有時候還會被藉故遷怒，處處受人輕視。

傾聽過許多被稱為天然呆的讀者們的煩惱，「孤單」是大家一致的感受。

周遭的人們沒有任何人願意正視自己的本質。

自己就是被棄置在「天然呆」這個好打發的框架裡。

這種不被任何人所了解的孤獨感深深地折磨著他們。

再者，**天然呆們其實大多心性善良，即使心中傷痕累累，也會故作堅強展顏歡笑。**

就算自己受傷害，待人依舊溫柔。

個人覺得他們的確不擅長以邏輯道理來思考事物，不過感性思維卻是他們的強項。

所以有許多被稱作天然呆的人們擅長於藝術創作。

將他們的感性丟置於「天然呆」這個框架中著實可惜。畢竟感性是具有能直覺看穿事物本質的眼光。愈磨愈發光正是天然呆的特質。

另外，佯裝天然呆的穿搭白癡又另當別論就是了。

37

以「有用」「沒用」來評斷他人的人

在工作上會聽到有些人講出「這傢伙很有用」「這傢伙很沒用」之類的言論。說這種話的人其實是無法掌握人心的。

「這傢伙很沒用」，並非此人沒用，而是說這話的人沒有本事善盡其用罷了。

「這傢伙很好用」，並不代表說此話的人有本事用人，說不定只是被人巧妙利用而已。

人是為了什麼付出勞力呢？為了前輩或上司、公司？不不不，這種人是不存在的。

為了生活、家人、自身的夢想，大家懷抱著各自的目的勞動著，這就是工作的大原則。

「為了自我目的而工作」的奮鬥姿態會讓人心生敬意。如此才能抓住人心，才會讓別人願意「為你效力」。

沒有任何人會自動為你效勞。如果想讓他人自動自發地為自己效力，就必須具備值得人家敬重的器量。

居下位者是一種不太聽上位者話的生物。

不過，往往能將上位者看個透徹。因此能判別在上位者是否值得敬重。事實上被評頭論足的可是在上位者。

只想著要「用人」的人是沒有他人會願意跟隨的。不是用人做事，而是請人做事，這樣凡事才會順利。

38

何種類型的人常說出多餘的一句話

會常說出多餘的一句話的人，以不擅長溝通交流的人居多。

溝通能力強的人，引導對方開口的功力勝過自己的口才。跟他們說話，不知不覺會聊開懷，不該說的也說溜嘴。

不過擁有出色溝通才能的人會察覺到「噢，這可不太妙」而有自制力地不會越雷池一步。

另外，溝通能力強的人擅長營造「暢所欲言」的氣氛。這對不擅溝通交流的人而言簡直是陷阱。雖說當下情境看似能盡情暢談，卻非可以真的想說什麼就說什麼。「暢所欲言」的歡樂氣氛是建立在彼此以禮相待，互相尊重的基礎上。被氣氛誤導，忘了禮儀與敬意時就會冒出「多餘的一句話」，將氣氛搞砸。也就是不顧場面而以自我情緒為優先。

話雖如此，多餘的一句話，不管是對聽者還是說者而言都是很懊惱的。或者應該說，失言的一方大多會感到失落沮喪。

溝通交流的基礎在於，帶著敬意的耳朵、保持禮儀的嘴巴，這一點可千萬別忘記。因為多餘的一句話而葬送了人生的也大有人在。

有時說多餘的一句話，也許只是單純想掩飾害羞，或者是硬要湊句話做為結尾。在某些情況下，以多餘的一句話收尾或許能收畫龍點睛之效。

39

如何應付老是否定別人的人

自我認同感很強的人往往會否定別人的話。

「想獲得認同」的欲望就是所謂的自我認同感，與食欲還有睡欲一樣再自然不過的了。倘若未能獲得一定程度的滿足，會對身心健康造成不良影響。若變得動不動就否定別人所說的話，其實就是暗示旁人「再多關注我一點」。若以食欲打比方，就跟「肚子餓了」一樣，屬於身體所發出的信號。

換句話說，這種人並非真心否定別人所說的話。只是先做出否定反應，吸引他人目光聚焦在自己身上而已。

自我認同感無法獲得滿足的根源在於，自己本身並未接納自己的緣故，才會苦苦掙扎想讓誰來填補這個空蕩蕩的縫隙。

所以說，**面對老是否定別人的人，只要「話題繞著那人打轉」一切就好辦。**絕對不要擺出「好啦好啦，我知道了啦」這種輕視的態度。要極盡所能地吹捧老是否定別人的人，令其確實感受到「自己是話題中心」。或許是挺折騰人，但身為親朋好友也只得忍耐。

「調侃、稱讚、打開話匣子」三大招肯定能讓他們心滿意足。

只是，當事人還是得明白，那空蕩蕩的縫隙不是要靠別人，而是遲早得靠自己填滿。

40

愛討拍取暖者說明書

希望能得到他人的共鳴與安慰，俗稱「討拍」。
聽起來很潮，但請牢記，這樣的行為搞不好會演變為人生的致命缺陷。

愛討拍取暖者的特徵

- 情緒起伏激烈，會突如其來地對自己感到厭惡
- 莫名地心浮氣躁
- 沒由來地突然討厭原本很親近的人

愛討拍取暖者，甚至無法找出自我的存在意義。所以才會使出各種手段來吸引別人的注意。表現得悲傷惆悵引人關注還只是輕微症狀。程度嚴重時會變得憤世嫉俗，藉此

引起旁人關切。藉由傷害他人獲得關注，刷自我存在感以獲取安全感。

很在意旁人的眼光但對旁人完全不感興趣。

所關心的只有自我的存在意義。

認為旁人只是用來確認自我存在的工具而已。

最根本的問題出在精神層面過於幼稚，除了精神層面成長獨立外別無解決之道。

人是拙於讓自己幸福的生物。

相反的卻是十分擅長讓他人幸福的生物。

人會為了某個人發揮力量。能為自己以外的人著想才算真正的自立。

人會變得堅強肯定都是為了某個人。

凡事只想到自己是無法達到自立的。

第3章

這樣想就不難受

[情緒處理說明書]

41

折衷與附和的差異

「附和」是指他人的想法主張與自己原本的意見一致。

「折衷」是指尊重彼此想法主張的不同。

透過附和所串聯起來的群體，大多會以「同儕壓力」形成團體，往往強迫眾人附和，沒得商量。懂得折衷協調的團體絕不會一味附和，更不會打壓其他團體。必定會秉持著「雙向溝通」的態度來處理。日本人常被稱為合群，但不必懷疑，絕大多數是源自同儕壓力的牽制。

離我家最近的超商打工人員都是外國人。聽他們的聊天內容會發現，大家的意見各不相同；雖不相同，感情卻不壞。要是換作日本人，若在場有三個人，三人都必須意見一致，否則氣氛就會很尷尬。這種氣氛就會迫使大家附和。

再者，女性屈服於同儕壓力的傾向似乎較為強烈。

不想被討厭。

不想被排擠。

不想落單。

這些負面思考形成自我壓力，導致自己得戴上假面具依附於團體中。

簡而言之，不過就是個膽小鬼團體。

假設有A、B、C三人，在這當中彼此所共有的並非友情，而是同儕壓力。這在女性之間是很常見的現象，彼此一定要對友情（價值觀）的看法一致，否則就會被視為背叛，搞得裡外不是人。

但是，真正的友情是個別獨立發展而來的。

A分別與B和C建立友情

B分別與A和C建立友情

C分別與A和B建立友情

能個別與他人培養友誼，並接納彼此的不同才是真正的友情。人與人之間終究是一對一的關係。一對一的關係多才能形成健全的友誼。愛成群結隊的女性就類似宗教團體或組織，跟友情是完全不相干的。

友情這種東西其實一廂情願單相思也無妨。沒必要因為想要交朋友而勉強自己附和。

要學會的應該是折衷而非附和。

應聲蟲只會附和，在一起也沒意義。
彼此沒有不同的意見也無法有真正的溝通。
正因彼此不同才有必要談一談。

不附和並不等於就會被討厭。
若有人因為這樣就討厭別人
代表此人只希望結交應聲蟲
所以被討厭也不用介意。
夠成熟的人是明白這個「道理」的。

42

害怕孤單而成群結隊的人都很無趣

無論是陣容多龐大的和樂融融團體，在我這獨行俠眼中看來，都是令人喘不過氣快窒息的。對我而言，一個人的自由是遠超過龐大團體的自由。比起被團體組織束縛，一個人的自由反而能讓我們有更多機會廣結善緣。

我從不認為一個人是很寂寞的。只是有時會覺得尷尬，因為有些人會訕笑形單影隻的人。比方說，獨自一人去咖啡廳。除了自己以外周遭都是三三兩兩作伴，是不是會覺得有點尷尬呢。即使沒有任何人注意到我們，但群體意識作祟會讓我們覺得自己被排除在外。

若想做個有意思的人，千萬別成群結隊。這道理放在推特亦然。有些帳號闖出名氣，人脈逐漸拓展後就突然採取封閉排外主義而變得很無趣，各位讀者是否也曾遇過呢？原本單打獨鬥妙趣橫生的人，卻失去了有趣的元素。發文內容不是針對所有追蹤者，而是只給親近的特定族群，等於挑讀者討好。

還有，女性很常有這種現象，有了點知名度後就急著露臉，忙著推銷自己，急欲獲得吹捧與奉承。可是，讀者想看的不是妳的那張臉而是作品。

私生活亦然。人與人的往來基本上是一對一的。每段關係都是獨立的才能建立真正的情誼。

請勿被毫無意義的團體束縛，而放棄了一個人的自由，這樣也未免太可惜了。

43

如何與搞不懂在想什麼的人相處

若被我們身邊親近的人說「搞不懂你在想什麼」時，應該會忍不住想是自己詞不達意嗎？還是自己有些什麼問題呢？有時候明明已經很小心注意了，卻還是被人家這樣反應時，會分外覺得沮喪。

不過，請放心。

其實沒有人是真正明白我們在想什麼的。

很多時候只是透過附和與贊同給予他人「我明白你在想什麼」的印象。

只要表示附和與贊同，就能賦予他人「這人跟我一樣」的錯覺，其實本人只不過是「不懂裝懂」而已。

因此，透過附和與贊同所形成的女人圈是不允許唱反調的，只要嚷嚷著「我懂、我懂」，便能被劃入「大家都是一樣的！」界線裡，而自以為真的了解對方。

會說出「搞不懂你在想什麼」的人，往往都是不認同自己與對方有所不同的人。他們所說的搞不懂，說穿了只是搞不懂為何對方會與自己不同罷了。

而這正是只會附和贊同，從單一角度看人者的缺點。

若能從多方面觀察他人，就不會感到不明白。

至少能理解他人「與自己有所不同」。

在這世上一定有人能認同我們的與眾不同，即使對方無法全盤理解我們的想法。

能認同我們與眾不同之處的人，代表為人成熟，應當珍惜並建立良好的人際關係。

請別被雜訊干擾而迷失了自我。

否則人際關係也會搞得一塌糊塗喔！

或許自己也在不知不覺中做出「女子騷擾」行為

大家知道「女子騷擾」這個名詞嗎？這指的是女性常會做出的騷擾行為，內容也是包羅萬象。

故意說「因為我長得很抱歉」，讓旁人陷入不得回應「沒、沒有這回事啦」的狀態，稱之為**醜女騷擾**。

不斷追問「我們是朋友吧？是朋友對吧？」半強迫地逼人回答，稱之為**友誼騷擾**。

開口閉口都是減肥，不斷明示暗示旁人「看我有多努力！」，稱之為**胖女騷擾**。

雞同鴨講，完全無法溝通，稱之為**溝通騷擾**。

要人家給建議，卻當一言堂，只要與自己意見相左便充耳不聞，稱之為**牢騷騷擾**。

在社群網站再三「無病呻吟」惹得大家白眼翻不停，稱之為**病貓騷擾**。

請回想一下，您是否也犯了上述的女子騷擾行為呢？

強迫對方說出自己想聽的台詞、強迫對方承受自己的情緒、沒把人家的話當一回事。千萬別抱持著其他人也都這樣，我不過是依樣畫葫蘆的想法，而在不知不覺間成為女子騷擾的加害者。

44

愈是不擅長溝通的人，自尊心愈是莫名的高

常常有讀者問我，該怎麼做才能讓口才變好。不擅言詞的人通常自尊心都莫名的高，而這份自尊心無法允許自己口條欠佳。

溝通無礙之人不見得都很會說話。

想讓自己口才變好這個想法本身就是錯誤的。希望自己不要出糗、希望自己看起來很聰明之類的，緣木求魚最是傻，根本沒必要去想這些。我認為，只要原原本本表現出來即可。力求超越自己程度的表現，結果只會落得一場空。掂掂自己的斤兩，量力而為就好。有多少本錢做多少事，這樣不就好了。

有些人講話愛用狀聲詞；有些人肢體語言很豐富；有些人只是拍手大笑；有些人僅僅發出怪聲與他人擊掌。溝通交流時其實沒有人還有心思故作姿態。或許這些舉止稱不上瀟灑風雅，但卻忠實呈現出本人的特質。

溝通交流的鐵則是

・不以包裝自己的形象為目的

・自己想向對方傳遞什麼訊息，才是唯一目標

就只有這二大重點。

溝通必須有交談對象才能進行。步伐須朝向對方邁開，彼此才能有交集。若對方不領情，那就想方設法讓對方明白我們的心意吧！

45

講電話就緊張

近年來的聯絡方式以電子郵件或LINE為主流，電話反而沒什麼機會用到，導致蠻多人對電話感到卻步。

覺得看不到對方的表情會對溝通造成阻礙，或是單純認為麻煩不想打之類的。不喜歡打電話的人總是會想出一堆理由來推託。

回覆電子郵件或LINE可以反覆推敲，花時間思考是不是有說錯話、是否有確實表達。可是電話卻需要瞬間爆發力來一決勝負。一旦習慣電子郵件或LINE的溝通模式，電話便會令人心生畏懼。

特別是很多年輕人，寫電子郵件或聊ＬＩＮＥ都很活潑逗趣，但一講電話就變得「支支吾吾」。這正是欠缺對話瞬間爆發力的證明。

花一小時寫郵件或聊ＬＩＮＥ所得到的溝通結果，換算成電話其實花不到五分鐘。也就是說，原本未滿五分鐘的溝通，卻習慣用一小時來解決。

在這樣的模式下，會對電話感到卻步也就不奇怪了。再說，透過電話無法傳達比手畫腳的肢體語言，當然也無法傳送照片或影片，只能依靠話語這個唯一的聯絡工具。人人都會說話，卻不見得說得好。因此，電話這個工具或許不太適合容易詞窮的人使用。

想要克服只有逼自己習慣。只能透過多打多接，出洋相累積經驗來提升說話技巧；只能偷偷將對方的應對技巧轉化為自己的。對話就好比自行車，停止踩動就會失衡跌跤。請把電子郵件或ＬＩＮＥ當成自行車的輔助輪使用就好。

46

我們會喜歡的人其實就是能激發出我們好的一面的人

讀者們認為人會對什麼類型的人感興趣呢？

很會說話的人？興趣相同的人？

非也，人會對關注自己的人感興趣。

當我們有意願探究對方時，對方也會想挖掘我們的特質；雙方會不約而同地觀察彼此的優點。當我們找出眼前對象的長處時，對方自然也會想發掘我們的長處或魅力。

第一步最好不要大肆自我宣傳。想讓對方了解自己時，往往愛拿自己的事說項，不過自我介紹這種東西絕對不能盡信。推特上的個人簡介也是如此，「興趣嗜好要怎麼寫才比較吸睛」才是主要考量，所以會避免寫出乏善可陳沒有吸引力的部分。或許我們能隱約明白自己的個性，但不見得能確實掌握自我人格特質。個人認為自稱自己是什麼類型的人，往往都不是那樣的個性。對方究竟是何種類型由我們自行判斷就好，不用自己找上門來刻意說嘴。

還有，**人會在對話聊天的過程中變得欣賞對方，**但是各彈各調的對話則沒有這種功效。雙方自我介紹式的強迫推銷，根本就稱不上是溝通交流。換句話說，這是無法發掘出對方任何特質，徒勞無功的對話。

有些人覺得萬一聊到一半沒話題了怎麼辦，靜默無語好可怕。為了避免這樣的情況發生，只好大聊自己的事，但其實這麼做根本毫無意義。對話原本就無法一直延續不斷，會有沉默時刻是再自然不過的了。

話說回來，若覺得這種情況很困擾，該怎麼應對呢？對眼前的對象保持關注是基本前提。用心觀察對方，從頭到尾認真傾聽對方的談話內容，自然而然便能聊得開懷。至於自身的話題，就把主導權交給對方即可。沒必要的自我宣傳只會讓對方印象大壞而已。

47

出口傷人樂此不疲的人們

有些人表示自己「曾傷過人，可是一點都不感到抱歉」。

說壞話有時似乎變成一種娛樂。人會以自我價值來衡量他人。當我們認為自己一文不值時，也會覺得他人毫無價值，而專看人家不好的一面。

換句話說，周遭有人看起來幸福洋溢，自己便頓失安全感，而想把對方從幸福的雲端拉下來。

比方說，自己是個大富豪，生活過得無憂無慮，那說人壞話這種事，還會是種娛樂嗎？個人認為絕不可能。說穿了，因為自己有所匱乏，說壞話才會變成一種娛樂行為。與其這樣，倒不如努力讓自己過得幸福，別再浪費時間說長道短。這種類型的人總以為幸福是要靠別人給的。若有人願意給我們幸福，的確很幸運，而且得來全不費工夫。可是實際上並沒有人會為我們這麼做。

雖然剛剛說要努力讓自己過得幸福，可是應該有些人搞不懂究竟該怎麼做才好吧！

首先**請試著做些自己喜歡的事。**不知為何，有很多人挺排斥這件事。無須在意旁人的眼光、意見，只要專心做自己喜歡的事，就這麼簡單而已。我不懂為何會有這麼多人要勉強自己去做不喜歡的事。做自己喜歡的事沒有必要感到排斥。

若有閒工夫說壞話或扯後腿，倒不如先把時間拿來確認自己喜歡什麼，再試著用心投入，如何？

48

以惡言惡語攻擊說壞話的人實屬一丘之貉

毀謗中傷這種行為應該很難從社群網站上消失吧！因為始作俑者們並不覺得自己做錯事。

比方說，未成年人犯下凶殺案後，個資絕對會外流。網民們湧入兇手的帳號留言痛批與謾罵，有時甚至還會波及兇手的手足或友人。因為這群人認為自己是「被兇手惡行氣到抓狂的被害者」，理直氣壯地打著被害者的旗幟為所欲為，絲毫沒有察覺到自己的行為已成加害者。

惡言惡語也跟上述的例子沒兩樣，只是規模比較小而已，但本質相同。

重點在於，以惡言惡語攻擊說壞話的人其實也是一丘之貉。根本就沒有必要再助長惡言惡語發展下去。這道理也適用於霸凌。

可是有時候就是覺得「被人家背地裡批評很不甘心！」「想給說壞話的人一點顏色瞧瞧！」。在這種情況下，要暗地裡卯足全力稱讚在背後說自己壞話的對象，這才是最佳反擊。當那人得知說壞話的對象，居然對自己讚賞有加時，會覺得非常羞愧。有些人或許還是不為所動，但攻擊力會大幅降低。

只是，要注意一點，別把讚美弄成嘲諷，**讚美要說到心坎裡讓對方無法再借題發揮。**酸言酸語大家都會說，但要用心觀察對方可不是人人都做得到。說壞話者會發現，自己說壞話的對象其實很認真關注自己，氣度高下立判，肯定會覺得羞愧不已。

另外，也可以透過一些方法來安撫說旁人壞話的朋友。**有時候說人壞話是對周遭風評心生不滿的緣故**；也就是說，周遭對自己的評價比自己所認為的還要低。他們真正想說的其實是自我辯護，而非旁人壞話。

「這傢伙就是這麼不濟事！」乃違心之論，「我就是這麼優秀！」才是肺腑之言。

就像以他人為比較對象，巧妙地自我炫耀一番那樣。所以壞話跟炫耀一樣都會讓人產生厭惡感。

若有朋友說了旁人的壞話，請好聲好氣地予以安撫「我懂我懂，我知道你最棒了啦，啾咪」。

相信朋友一定會面紅耳赤地閉上嘴，驚覺到自己都做了些什麼。

不了解當事人才會惡言惡語。
殊不知，真正了解一個人後是無法狠批痛罵的。
無知造就了惡言惡語。

當事人的際遇、生平、生活環境、人格特質是如何形成直至今日的、有什麼樣的過去、背負著什麼樣的傷痕、所思為何、放棄了什麼、為了什麼而躊躇、重視什麼、保護著什麼，深入了解這些事，說出口的會是「建言」而非惡言。
所以能夠關注他人的人都是很和善溫柔的（異性緣佳）。

49

錯誤的冷處理技巧、正確的冷處理技巧

冷處理執行起來往往看來頗像一回事卻不見得正確。

「呼朋引伴要大家來個相應不理的集體冷處理」

這就變成霸凌了，不對。

「忽視訊息，直接不理會當事人的存在之存在冷處理」

這會變成漠視人權，不對。

「忍不住反唇相識，事後又辯稱『只是閒來沒事鬧著玩』之佯裝冷處理」

這樣實在很不上道，請停手。

「在主戰場執行冷處理，卻又在別處抱怨個不停之壞話攻擊冷處理」

壞話形同敗戰宣言，還是不說為妙。

「撂下狠話後立刻逃走之落跑冷處理」

又不讓人家有機會解釋，不如不說。

「不管對方說什麼，一律以『蛤？』做回應的蠢蛋冷處理」

女性很常出現這種反應。一眼就被看穿其實害怕到渾身發抖，很冏。

「表面上說要冷處理，卻拿東西出氣的火爆冷處理」

請勿淚眼婆娑這樣很不爭氣。

「後續在社群網站貼文發洩怨恨之逃避現實冷處理」

這樣做只會讓自己顯得更小人，不推。

冷處理技巧是指讓自己專注於有必要得知的資訊就好。

因此，自己是否清楚掌握「目前自身所需的是何種資訊」乃基本課題。

確實掌握後，面對一些無關緊要的資訊，只會覺得聽起來就像「汪汪叫！」

50

敵視朋友之人的應付說明書

「不想輸給朋友，無論如何都要爭出頭」

有時人就是會湧現這樣的情緒。假設之後真的勇往直前說到做到，在朋友之間獨占鰲頭笑傲群雄好了。

說來還真不可思議，明明當初那麼堅持要一爭高下，真的大獲全勝了，卻沒有半點勝利的感覺。

明明稱霸朋友圈，卻無法享受勝利者的滋味；明明已經打遍天下無敵手了，焦躁感卻依然盤踞不散。試問，這究竟是在跟誰對戰呢，答案是軟弱的自己。將敵視周遭的軟弱自我投射到朋友身上，彷彿成為全民公敵的焦慮感令自己惶惶不安，只得為此一戰。

朋友之間本來就是有輸有贏。當自己獲勝時，對方就會拚盡全力來搶灘，反之亦然。若公然瞧不起對方，人家便會點燃熊熊鬥志。若小心翼翼顧全對方顏面，反而讓人家覺得受傷。所以乾脆就表現得臭屁一點。當自己不如人被這樣對待時，真的會很抓狂，但抓狂歸抓狂也不會因此而討厭對方。因為這跟好惡一點關係都沒有，也不見得會斷送友誼。

用不著瞧不起或敵視對方，只要建立良好的競爭關係即可。要培養這樣的關係，需做到

- 無需客氣
- 無需同情
- 無需手下留情

這三點。

能彼此互相認同的情誼是不會分崩離析的。就算對方露出敵意來勢洶洶，夠堅定的友情會一直持續下去的。

51

幸或不幸乾脆一併相信

常常有人感嘆「無法相信別人」，其實反映出「只相信壞話」的內心狀態。下意識懷疑別人給自己的正面反應，對負面批評卻照單全收不疑有他。結果對自己只剩負面形象，因而喪失了自信。

特別是女性，不太相信幸福，卻不加思索地輕信不幸。就算過得幸福，也會擔心是否用光了幸福額度。悲觀消極反倒樂得輕鬆。凡事都以「反正像我這種人」的角度出發，就不會受傷害，習慣了不幸也就所向無敵。有這樣的想法，不管日子經過多久都不會有所改變，是無法獲得幸福的。

可是，或許有人會說，不管再如何努力還是無法相信正面積極的事物，畢竟一路都是這樣走來的。

既然如此也不用勉強自己相信，只要看眼前的事實就好。如果聊個天連人家肚裡的蛔蟲都想數清楚，可就沒完沒了。

「對方雖然講得興高采烈，內心或許覺得很無聊」

「對方似乎很親切的為我指點迷津，內心或許只想早點結束這個話題」

旁人的真實想法我們無從得知。即便旁敲側擊也是做白工。所以，**只管原原本本接收眼前對象的反應就好。**對方看起來很開心，那就是了，不必再多想；若對方看起來挺傷心，便仔細傾聽。

相信自己所看到的、所聽到的便是。若要再說無法相信任何事，那也別再相信有關自己的壞話。

52 相信並不等於強行冠上自身的期待

女性常常會把「我們是朋友喔」掛嘴邊，強迫推銷友情，是不是很像某種宗教團體呢？若朋友比自己早結婚，就會高喊遭到背叛的也大多是這類型的人。

話說回來，朋友先結婚這件事到底有哪一點屬於背叛行為呢？言下之意，是要對方跟自己一樣孤家寡人才甘心嗎？

結論就是，自己並不希望朋友先結婚。希望在自己結婚前，朋友仍是單身。這就是我所追求的友情！若對方無法獻上我所期待的友情，那就絕交！這才是真心話。

如上所述，要繳交友情稅的小團體，真的會讓人喘不過氣，絕對稱不上是友情。

相識愈久，總難免有一二次摩擦。或許自己也在不知不覺中背叛了朋友也說不定。可是，在這當下若逢人便說嘴自己遭到背叛，這還算是友情嗎？若真的是朋友，不是應該要先擔心態度異於平常的朋友嗎？

這些關懷與互動日積月累下來，彼此才會昇華為「你我之間沒有謊言」的關係不是嗎？

話說回來，**會嚷嚷遭到背叛大多是自己某些方面不太順利的時候。**這類型的人絕對無法忍受獨自一人，非得夥同他人成群結隊才甘心。

這類型的人或許應該要試著單獨行動一次看看。應該就能體會到，沒有必要呼朋引伴，自己一個人有多自由自在。如此一來就不會再以名為友情的枷鎖來套牢他人。

53

由被消遣者視角來看消遣技巧的好壞差異

常玩自嘲梗的大多是不願傷害他人取樂的人。所以才會拿自己做犧牲來博君一笑。這也是常見於心地善良之人的行為，與消遣他人取樂的人是完全相反的類型，注定經常成為被消遣的一方。雖說他們願意玩自嘲梗來博取歡樂，但卻不太喜歡被人消遣取樂。

就他們的角度來看，懂得消遣技巧的人，會先「熱身」消遣一下對方，以帶出自己的自嘲梗，再將所得到的笑果歸功於被消遣者。

另一方面，不懂消遣技巧的則是張牙舞爪索討認同的霸王。以高壓態度消遣他人，讓對方成為「笑柄」。見到大家發笑後，便自以為是的認為「我說的話還真有趣！」。這不過是借花獻佛的伎倆罷了。一般而言，消遣者給人的印象都是比較占上風的。喜歡消遣旁人者，渴望維持這個「占上風」的立場。而這種渴望源自於「自卑感」。缺乏自信的人，會想藉由消遣來貶低他人價值，以自抬身價。被消遣者之所以會感到不快，正是因為這種源自於自卑感的消遣方式。比起被人當笑話看，更令他們不爽的是消遣者因此而提高了身價。自己被消遣者當作「工具」利用讓他們滿腹怒氣。總之，若這種張牙舞爪索討認同的霸王找上門，只要理直氣壯的回一句「蛤？」就好。惡人無膽正是這類型人的特徵。

只是，被消遣者其實也有奸詐的一面，有些人只是為了博取人氣才願意受人消遣，等稍微有點名氣後，就會很排斥被消遣這件事。這種時候就不用再去招惹人家了。

54

再繼續扮演被消遣者也很冷，就此罷手好不好

我覺得消遣與被消遣這些梗都已經玩膩了，所以就此罷手好不好？

扮演被消遣者的人似乎認為「大家都被逗得很開心」或「因為我很會炒熱氣氛！」，不過是往自己臉上貼金罷了。說實在的，刻意偽裝的角色又怎會有趣呢。就算扮演被消遣者的人自以為是搞笑藝人，旁觀者只會覺得很冷而已。附帶一提，愛去招惹被消遣角色的人也同樣冷到不行。

會說話的人無須插科打諢。搞笑梗被過度神格化，沒有笑點就不算有趣的這種風潮實在很死板。

那什麼才叫有意思？能夠搞懂自己眼前的對象才叫有意思。扮演被消遣的角色意謂

著偽裝自我，這樣一點都沒意思。無論任何人，真實本性都是最值得玩味的。因為這可是世上獨一無二的「自我」。再說，這廂以真實本性相待，那廂卻戴上假面虛以委蛇也未免太失禮了。

沒有笑點也無所謂。

氣氛不熱也沒關係。

就算死氣沉沉也通通放馬過來。

就以真實本性示人吧！就是想了解眼前對象，就是想讓對方更了解自己。

彼此用心互相了解對方的喜悅是難以比擬的。

記住，**說話時要確實注視對方的眼睛喔！**

55

看誰都不順眼之人的應對說明書

莫名看誰都不順眼其實是內心怯弱的象徵。

『討厭他人』這項行為屬於一種自我防衛。為了避免自己受傷害而選擇加以「厭惡」。被自己所喜愛的人討厭是最受傷的；但被厭惡的對象討厭只會覺得「這樣啊，然後咧？」就沒下文了。因此，愈是恐懼被討厭的人，愈會搶先討厭別人來保護自己的玻璃心。

喜愛他人是需要勇氣與決心的。

人與人之間有所謂的合不合得來，在特定的環境中會發生這樣的現象是再自然不過的。即使不合拍，也不能將此當成否定他人人格特質的依據。不合拍有不合拍的補救之道，但若否定了對方人格是萬萬沒有辦法相處的。

話雖如此，被人討厭感覺就是不好。尤其是莫名其妙遭到這種對待時，更是不知如何是好。

自己完全不知道究竟哪裡出差錯，但對方就是不理不睬。

這是最令人頭痛的狀況。推測應該是對方有所誤會，不過此時選擇拉下鐵捲門，表現出「不理拉倒」的態度或許是最好的處理方式。

要做到不理不睬其實也很耗體力。所以不為所動帶給對方的衝擊度可能會很大。遭到對方漠視時，即使表現出悲傷憤怒，但對方根本無關痛癢，只會助長對方的厭惡情緒而已。**自己都已經夠無辜了，不覺得沒有必要再讓對方得意嗎？若隱約感覺到有人討厭我們，裝作不知道來個不為所動就是最佳處理方式。**

56 名為厭惡的有害情緒，名為沒興趣的無害情緒

有些人認為討厭他人是不好的行為，不過好惡所反映出的只是合不合拍的問題，與善惡全然無關。

喜歡並不代表此人就是「善」。

厭惡也不表示此人就是「惡」。

因此，就算心中存有厭惡的情緒，也無須感到罪惡。

因自己討厭某人便否定自我人格，與直接否定討厭對象的人格是沒有兩樣的。

追根究柢，從小我們就被教育「要跟大家和樂融融」，但這個教導本身就是強人所難。**在群體環境中，會產生處不處得來的現象是很理所當然的。**但是，這個教導卻將

「無法與大家打成一片的人就是不對」的觀念深植人心。接受這個教導的當事人若又兀自認定「必須跟大家擁有共同的價值觀」，便會否定無法配合該價值觀之人的人格，或否定無法配合該價值觀的自我人格。

若只是因為價值觀不同、個性不合拍這樣的理由就否定一個人的人格，會演變成性格乖張，一律漠視或攻擊不同價值觀之人。

沒有必要要求自己跟大家都當好朋友。若不明白人與人之間有所謂的合不合拍，便無法相互尊重不同的價值觀。搞清楚了這點，與處不來對象之間的關係就不是「厭惡」，而是轉變成「沒興趣」。沒興趣可是很無敵的喔！

57

悲觀消極之人談心事，並非尋求解決，只是希望有人傾聽而已

女性是心思很纖細的生物。荷爾蒙一旦不平衡，舉凡暴躁沮喪、易怒、力不從心等等，各種負面症狀都會找上門。若說女人天生就是較為悲觀消極的其實也不為過。

若個性較為悲觀消極的人來找我們談心，只要傾聽就好。對沉溺於悲觀消極情緒的人來說，心事就是自己與他人之間唯一的交流題材。所以他們對於解決對策是沒有太大興趣的。因為一旦獲得解決便失去了交流話題。我們只要理解對方「希望他人傾聽」的想法就好。

話雖如此，我們也不是吃飽沒事靜候閒雜人等找上門來傾訴的。悲觀消極之人所談的心事，其實就是渴望獲得關愛的暗示。因為他們無法坦白說出「我需要關愛」才會以談心的形式來偽裝。若為其提供解決對策，他們反而會覺得遭到冷落，愈發鑽牛角尖。

這種時候要先附和表達出自己感同身受，再給建議。若不先表現出感同身受的態度，悲觀消極之人可是會生氣的，也就不願接受我們的意見。

還有，若跟這類型的人太過要好，反而會讓他們過於依賴，所以距離感是很重要的。不要過分接近才是減輕自我負擔的良方。

58

易於交談與難以交談之人的差別

要吸引人親近，關鍵在於表情所透露的訊息必須簡明易懂。

易於交談之人的心情好壞，可謂一目了然。當我們感受到對方情緒是雀躍或快樂時，可以隨口問一下「什麼好事這麼開心？」，感受到憤怒或悲傷的負面情緒時，便可表達關切「怎麼了嗎？」。能從表情獲得許多訊息，代表易於解讀此人的精神狀態。

反之，難以交談之人的特徵是什麼呢？面無表情，無法透過視覺獲得任何訊息，會讓人不知道該如何攀談。小心謹慎地開口，沒想到對方心情很好，這倒也無所謂；若是表現得熱情洋溢，對方卻情緒欠佳，這才真的糗大了。跟這類型的人攀談就像下賭注。

試想，會有人想冒著這樣的風險開口交談嗎？

要成為易於交談的人其實很簡單。

開心時眉開眼笑，悲傷時愁眉苦臉。被說面無表情的人，就要時刻注意做出表情，不妨對著鏡子練習笑臉。

相反的，若不希望任何人來搭話時，就維持面無表情。只要不釋出視覺訊息就能輕鬆趕跑所有人。

難以交談之人（怕生型）

〔認真的表情〕

〔開心的表情〕

〔生氣的表情〕

〔悲傷的表情〕

易於交談之人（社交型）

〔認真的表情〕

〔開心的表情〕

〔生氣的表情〕

〔悲傷的表情〕

59

傲嬌母親

母親對孩子總是非常操心的。孩子晚歸也會讓她們爆氣。諸如「你們做子女的就是不懂父母心」「那以後全都你自己來，媽不會再幫你做任何事了！」都是很常聽到的台詞。有時候甚至會覺得這些話的言下之意似乎是「你這輩子都離不開我」。

不過話說回來，女兒晚歸，做父母的會擔心是天經地義的。母親在某種程度上就是會想干涉女兒的事，為人子女的不能嫌煩嫌嘮叨。

其實母親的表達方式有時也是有問題。本來只要坦誠地說「媽媽很擔心妳耶！再不快點回來的話我要哭了啦～」之類的，便能直接傳達出母親的關愛，做孩子的也會想說「真拿我媽沒轍，明天就早點回去吧」。隔天若孩子真的早歸，只要坦率地表現出「媽媽好開心喔！謝謝妳呀～」的欣慰之情便是。這就是「透過母愛對孩子動之以情」的手法，但不知是否因為害羞的緣故，做母親的往往無法坦白表現。很多母親正是所謂的「傲嬌系媽媽」，無法坦率地表達母愛，只好透過發怒或鬧彆扭的方式來掩飾。

傲嬌其實是一種病。這名詞雖然聽起來挺可愛，其實幾乎等同於暴力。有自覺的人還可以想辦法改正，可是大部分的人都是不自覺地做出這些反應。**要跟近乎毫無自覺的傲嬌人相處是很煩人的一件事。原本這就是最不該接近的類型。**若真的不得不接近，只能說請做好心理準備。無法坦率表現情感的傲嬌人最難纏了，最好不要有所接觸，但若這對象是自家母親的話，只能想辦法解決了，畢竟逃也逃不了。

口是心非的傲嬌言語無法表達出母愛，對孩子而言只會是束縛。

為人子女的就請把這些話當作是母親疼愛孩子的嘴拙表達方式。對父母而言孩子就是一輩子的牽掛。孩子對父母的愛永遠不會勝過父母對孩子的愛。明白並接納父母親的刀子嘴豆腐心，或許也是一種對父母親表達愛意的方式喔！

也許目前還年輕不懂父母心。但是現在就得提醒自己多用心對待，以免將來為人父母時悔不當初。

為人父母的只要孩子健康活著就覺得心滿意足。
但為人子女的也不能因為這樣
不回家探視、不噓寒問暖，獨自一人過得悠哉
說穿了只是仗著親情有恃無恐罷了。

不要相信父母親所說的「我們不求你孝順」的親情，
而是擁有自己「想盡孝道」的主觀意識才是真正的自立。
能由衷感謝父母才真的是踏出自立的第一步。

60

當母親變身為怪獸時

母親與女兒之間的關係是很特殊的。

兒子與自己性別不同，所以母親能把兒子當作有別於自身的「獨立存在」。可是女兒與自己性別相同，有時會將女兒視為「自我的延伸」大過於「獨立的存在」。這種現象可從自我意識強烈的母親身上看到；而這類型的母親往往對女兒比對兒子還要嚴格。

由於自己與女兒之間的界線變得曖昧模糊，所以這類型母親會處處想控制女兒，對她們而言這行為就像伸手拿起電視遙控器般自然。女兒聽話順從其意是理所當然，女兒忤逆違背其意則會被視為異類。因此，當此類型的母親知道女兒沒有按照自己的意思行事時，便會陷入一種失落的情緒裡，彷彿身體哪裡有缺陷般。

她們會覺得恐慌，試圖用盡各種手段來支配女兒。因此跟女兒之間的溝通模式會導致二種極端，不是過度干涉，就是來個相應不理。

在這種狀況下成長的孩子，會無法順利表達自己的情緒，而且動不動就觀察母親的臉色，甚至會對自身過得幸福感到恐懼。有的母親還會想方設法阻止女兒自立謀生。這只能說是失控的母愛。不夠自立的母親往往會有這種傾向，在這種情況下，只能請女兒成熟堅強起來。被迫提早自立自強雖然殘酷，但請切記，女人在心智尚未成熟無法獨當一面時，千萬不能有孩子。

為人父母必須教導孩子的是，即使雙親不在，也能自食其力生活下去的方法。

父母是孩子的手杖。當孩子還無法自力行走時，扮演輔助手杖角色的便是父母。

有朝一日孩子會自立，靠著自己的雙腳走下去，為日後能成為自己孩子的手杖做準備。

61 何謂最好的孝行

感嘆無法為生病的父母親做些什麼。

苦思該如何報答父母親的養育之恩。

相信這樣的煩惱會隨著年歲漸長而頻繁出現。然而，認為自己「無能為力」其實是錯誤的想法。對為人父母者而言，最欣喜的事莫過於「孩子平安誕生相伴左右」。所以，**不管遇到什麼狀況，好好活下去便是最好的孝行。**

家人之間的相處應該算是人際關係中最棘手的了。有道是，家家有本難念的經，就算找人商量也得不到定論。有關家庭的煩惱以母女關係佔大宗。對母親而言，女兒是很特殊的存在。有些母親會將自己未盡的夢想託付在女兒身上，希望女兒能幫自己圓夢，但多半會事與願違。女兒二十歲左右時，母親正處於更年期，精神狀態較不穩定。所以母女之間不需要感情好到整天膩在一起，彼此稍微有點距離才能維持健全的關係。反正時間會美化所有回憶，所以無妨的。

再者，相對於母親，父親往往容易被女兒忽略。對女兒而言，跟母親比較沒有距離也比較好溝通。不過其實最疼愛女兒的是父親，但卻常常惹人厭，實在怪可憐的吧！雖說做父親的免不了歷經被女兒嫌棄的時期，但也不會因此感到氣餒。再如何被討厭，他們仍是最疼愛女兒的。因此，若女兒現正處於討厭父親的階段，不妨靜觀其變。之所以會討厭父親是因為人會排斥與自身相近的遺傳基因的緣故，這可說是必經的成長過程。

另一方面，兒子升上高中左右，就不太受父母親管教了。一切自己作主，沒錢了才會回來。

相較於女兒與母親，兒子與母親的關係一直都是良好的。基本上母親都是很愛兒子的。但是兒子卻會漸漸希望母親放手，不要事事介入。母親把兒子視為心肝寶貝疼到心坎裡，那女兒呢？就不寶貝嗎？會產生這樣的疑問也無可厚非，對母親而言女兒當然也是寶貝，可是就是會伴隨著希望她這樣、希望她那樣的想法。對兒子就比較不會有這樣的情況發生，會把兒子當成孫子寵。

還有一點就是，母親進入更年期時剛好與孩子自立的時期重疊。為人父母的，看到孩子能獨立自主當然很欣喜，但同時也會覺得落寞。

父母心是一輩子的。人人都希望被別人需要，否則會覺得鬱鬱寡歡。所以為人子女者，偶爾可以找父母親商量一些事。能為兒女所需的父母親毫無例外地會變得更加強韌。

不論是什麼樣的孩子，對父母親而言都是珍寶。孩子的倚賴讓他們產生為人父母的真實感，深刻體認到眼前的孩子是自己的骨血。往後的人生中，或許還會遇到許多挫折。但是一定要堅強地挺過去。這就是最好的孝行。別忘了，你可不是憑空蹦出來到這世上的，是受父母之恩才得以存在的。

62 學生的溝通能力與社會人士的溝通能力

學生與社會人士所被要求的溝通能力當然截然不同。

學生時代「耶～～」這種人來瘋的做法往往吃得開，靠著這一招建立彼此無需客套、遵循潛規則的默契。若能成群結黨形成小團體，主導者在地位上便占了「上風」。完全就是「誰最放得開誰稱王」的最佳示範。

這種有失禮儀的人來瘋反應就是「學生的溝通能力」。

另一方面，社會上所要求的溝通能力則在於能否顧全周遭情緒。而且，最講究的就是禮儀。該如何做到面面俱到、該怎麼做才顯得尊重對方至關重要。學生時代那種「都是自己人，禮儀擺一邊的溝通模式」是完全不適用的。換句話說，以前老是搞

「耶～～」這一套的人出了社會就有苦頭吃了。

不太喜歡人來瘋行為的人，代表不太能接受有失禮儀的作法，因為自身的禮教涵養不允許他人與自己有零距離感的裝熟。正因為有禮教涵養才不喜歡人來瘋。在社會上行走所需要的不是夥伴、死黨這樣的親密感，**「他人」才是最適合社會人士的距離感。**

63 與抱怨狂上司的相處之道

有些上司發怒時會說，

「我不是惡言相向，是為了你好才生氣的」。這是瞞天大謊。真正疼愛下屬的人實際上是不會說狠話的，也不會發怒。獲得上司器重的下屬就算有過失也不會遭到痛罵，而會被徹底指導一番。

假借「我是為你好」這道免死金牌，大行發洩自身壓力之實。說穿了就是一個冠冕堂皇的藉口罷了。這類型的人，不是以工作能力評量下屬，而是以聽話服從度來打量對方。若下屬沒有照自己的意思行事，就會感到不滿，是徹頭徹尾的自我本位主義者。

若將這種上司真的當作上司看待只是折磨自己而已。將此類上司當成惡質的抱怨狂來應對是比較理想的做法。請把這想成是訓練自己養成社會人士最重視的「應對進退禮節」的絕佳機會。

只是，上司也是人。若硬要將理想形象套用於上司身上，那上司也是怪可憐的。

發怒一點用處都沒有，不但生氣的一方覺得累，被罵的一方也會覺得受傷。而且發怒的原由真的有完全表達出來嗎？應該也不盡然。發怒就是弊大於利。所以其實沒有必要發怒或痛罵，只要讓下屬承擔起責任就好，雖然這是最狠的作法。我個人認為若沒有做出成果時，只說一句，辛苦了，或許比發怒更有效果。

日本是人際關係至上主義的社會。人際關係往往比工作還要令人煩惱。為工作傷神還說得過去，但是為了人際關係煩惱不覺得很不划算嗎？職場的人際關係真的除了麻煩還是麻煩。往往會被當成砲灰的年輕後進實在挺可憐。

我想應該有很多女孩在公司被大姊頭欺壓，但這種時候也只能咬牙忍耐。畢竟我們鬥不贏人家。只能諂媚討好讓大姊頭覺得走路有風。

我知道，有些人很排斥諂媚，但我認為諂媚是一項很重要的技能。**因為人就是會覺得諂媚奉承的人討喜，也會想多罩對方一點。**可能覺得這類型的人很服從、聽話的緣故吧！能獲得疼愛就是贏家。大人也是蠻單純好騙的，所以適時地拍馬屁，狗腿一下有益無害。

巧妙服從敬重的上司
巧妙利用無能的上司

不必計較得失的往來對象，僅限一部分人就好。
自己認為無能的對象，應對進退必須徹底以利害關係為考量，並加以巧妙利用。
只要自己能往上爬，把對方當跳板利用又何妨。

64

聚餐遇到性騷擾時的對付方法

聚餐時經常會聽到有人吹噓風流情史，或是遇到性騷擾。這真是令女性感到深惡痛絕。若是無可奈何地陪笑點頭應付，更是助長當事人的氣焰，被迫收聽許多沒興趣想知道的事。

面臨這種情況時，最好的方法有二個。

- 不釋出任何有關自己的訊息
- 引導對方說笑

只要卯起來猛誇，對方就會滔滔不絕。讓對方覺得興高采烈，講得欲罷不能，自然便會露出破綻，然後再加以吐槽擊退。接下來這人便會成為大家調侃消遣的對象，我們便可趁機離席擺脫這個場面。日常生活愈是乏善可陳的人，愈容易在聚餐場合大開黃腔或大談往日風光。因為他們只剩這種話題可以發揮，就只是想自吹自擂一番而已，所以會隨意挑個對象來受罪。對付這種人，只管鼓譟勸酒讓他們醉成一灘爛泥就好。**性騷擾上司活該被操弄。**女性在這方面總是技高一籌，儘管將其玩弄於股掌之間便是。

雖然個人認為這種職場飲酒文化差不多可以退場了，但仍舊普遍存在於社會中。公司應酬、職場的聚餐飲酒文化若能逐漸式微，男人就沒辦法謊稱公司應酬而在外流連玩樂。順帶一提，男人口中的公司應酬幾乎都是謊話，分明就是自己愛玩。所以當他們說「公司有聚餐」時，多半都是幌子。是可以聽聽就好不深究，但只要稍微吐槽一下應該就會露出馬腳。

65

意氣用事的笨蛋是最惡質的人種

下屬、同事工作能力欠佳，再怎麼糾正缺失就是改不過來，相信有許多人對此感到煩躁不已吧！

一個人的弱點其實連笨蛋都看得出來。

抓住弱點攻擊，踐踏對方自尊這種事，其實笨蛋也做得出來。

情緒性地恐嚇對方，否定其人格這種事，其實笨蛋也做得出來。

連笨蛋都辦得到的事也就無需太過拼命。因為意氣用事的笨蛋為人最是惡質。明明想要栽培拉拔人家，卻如此用力幹這些蠢事，後果可想而知。

那麼，栽培一個人時最該關注哪些特質呢？

那就是此人的賣點、魅力與強項。能夠看穿這些特質便具有所謂的先見之明。要發現這些特質必須具備觀察力與溝通能力。首先要了解，此人想讓別人看見什麼、問些什麼。

要彌補弱點是較為困難的，但要**加強個人賣點等強項是比較簡單的。**畢竟擅長的項目總是有比較大的發展空間。發揮強項補足弱點，之後再來著手改善弱點也不遲。不論是誰，若被人從弱點進攻都會覺得不愉快吧！所以要先讚揚他人優點，接著才處理弱點。

還有，別把工作能力高低與人格高低相連結。若因工作能力欠佳就認為對方是垃圾，否定對方的人格，實在不是居上位的人選。無法掌握人心，真以為還有人會想聽從追隨嗎？

第4章

畢竟人就是得在人群中活下去

［如何選擇往來對象］

66

不必計較得失的往來對象應慎選之

不必計較得失的人際關係，應當要與自己所愛之人、信賴之人建立。與無關緊要的人等往來時，則必須徹頭徹尾算個清楚。

對別人所說的壞話感到介意而煩惱的人，基本上都是心地善良的人。

無論是加以反駁或起爭執，對自己而言不是一點好處都沒有嗎？既然沒一點好處，卻仍想讓說壞話的人改邪歸正，實在太有大愛，令人忍不住覺得「簡直是活菩薩嘛」。若依此邏輯思考，那麼說壞話之人也算活菩薩。畢竟找討厭對象的碴、說壞話也是一點好處都沒有。可說是完全不把利害關係放在眼裡。厭惡情緒驅使下的愚勇行徑，是不是令人不敢領教？

但也正因為到處都有這種活菩薩的緣故，讓有些人覺得很煩惱。那麼被說壞話時該如何自處呢？

就在心中默想「請繼續自由發揮吧」來個相應不理。聆聽無關緊要之人所說的壞話，什麼好處也撈不到，人生也不會有所改變。

這就是所謂的精打細算，計較得失。

有些人認為被說壞話彷彿世界末日來臨，但這真的是想太多。即使被討厭，今天還是會隨著昨天到來。若實際上真因此蒙受損害，再盡全力討回來便是。在此之前就先按兵不動吧！

自己不必特意湊上去被掉下來的石頭絆一跤。只需避開即可。

67

稍加思索自己想要什麼樣的朋友

朋友並不是勉強結交而來的。個人甚至覺得，就算沒有也無所謂。常聽人吐露沒有朋友、交不到朋友的煩惱，但是結交朋友的方式其實沒有任何人真正能掌握。因為人與人結識、彼此關係的構築方式都不盡相同。

而且朋友不見得有必要結交。沒有朋友的人，也並不代表有什麼問題或性格扭曲之類的。喜歡獨處，那就自己一個人，沒有任何不對。只要能怡然自在度過一個人的時光又有何不可呢！

離開朋友的時機也是自由拿捏的。**若對朋友心生不滿，大可離去。**自己一個人過得充實開心也很好。再說朋友並不是用來滿足自己的小幫手。

在同學之間沒有朋友會有點辛苦倒是真的。以下是我個人的經驗談，自國中時期，班上就有個女生總是獨自一人，不跟任何人打交道，看起來似乎很享受一個人的時光。某次，我鼓起勇氣問了她，為何老是一個人。她給的答案也很直接「同年齡層的人還蠻幼稚的，談不來」。沒錯，本來就沒有必要勉強自己配合大家的話題。若沒有聊得來的對象，大不了一個人就是。

稍加思索一下自己想要什麼樣的朋友，條列出來，輸入腦海深處。然後自己要成為那樣的「朋友」。因為友情不是求來的，而是透過給予建立起來的。

68

真朋友辨識法

若自己過得不幸福時，應該會有很多朋友寄予同情吧！

但是，若自己獲得幸福時，能感同身受替我們開心的朋友應該會比前者少很多吧！

所謂的真朋友，並非同情我們不幸的朋友，而是能跟我們一起開心的朋友。

辨識朋友的方法就是，將焦點放在「當此人獲得幸福時，自己能否感到喜悅」。若能替對方感到開心，那才是真朋友。

人會因為朋友而改變，無論是好還是壞。總是盯著他人缺點看的人，容易受到朋友壞的一面的影響。能夠注意到他人優點的人，則是受到朋友好的一面的影響而往好方向改變。

都說要慎選朋友，但追根究柢一切取決於自己。總是盯著他人缺點看的人，再怎麼選朋友，仍是只會受到不好的影響。畢竟沒有人是毫無缺點的。

試著回想自己受到朋友的哪些影響吧！如此便能得知自己現在所處的狀態。

朋友是映照自己的一面鏡子，此話不假。跟朋友相處時老是盯著缺點看的人，不妨回過頭來檢視一次自己的態度或想法看看。

69

朋友並非全然必要

保有自我的態度，揮灑本色過日子，朋友自然就會跟著來。愈是要好的朋友，往往都是不知不覺間結為莫逆。

絕大多數的女性往往認為必須要有朋友才行。這些人堅信著朋友絕對必要主義。害怕結交不到朋友的不安，讓她們捨棄自我，依附於團體裡。過度依賴在小團體中扼殺自我個性所換來的友情。然後，長期以來皆是看周遭的臉色來確認彼此的情誼。該主義信徒不允許單獨一人的自由，以『遭到孤立的不便』取代『單獨一人的自由』。

人的價值並非取決於朋友多寡，朋友的多寡也不會決定個人在群體中的階級地位。

沒有必要因為無法獨處的軟弱，就委屈自己附屬於群體裡。與其在小團體內巴著這種必須再三確認「我們是朋友，對吧」的脆弱友情，不如單獨一人悠然自得地閱讀更有魅力。具備這種魅力的人自然而然會有其他人願意親近。

真正的朋友其實是不必相互確認的。因為彼此並不在乎對方是怎麼看待自己的。**友情就是一種單相思。**彼此沒有必要過分客套拘謹，也能打開天窗說亮話。這代表彼此已形成了朋友之間特有的舒服自在空間。在這空間裡唯二存在的就是，彼此名為「朋友」的單相思。

70

身為朋友所能提供的最大幫助

朋友接連做出讓人覺得行為有誤的事。這種時候會忍不住想出面跟他說句話，因為「我是那人的朋友」。可是就算針對錯誤明白指出「你錯了」也只會遭到對方反彈而已。畢竟當事人其實也知道，只是無法直視面對罷了。這就像一種自殘行為，加以否定便犯了大忌。了解演變成自殘行為前的來龍去脈，接納當事人的情緒是處理鐵則。

或許有人會問，那，我們什麼忙都幫不上嗎？這倒也未必。

我們該做的是，不責備也不試圖阻止當事人的自殘行為。是否罷手交給本人自主判斷。也就是說，身為朋友該做的其實是如何賦予當事人自主性。

人是不會輕易改變的。這是非常曠日費時的問題。**請勿打著半調子的友情旗幟，將重要的朋友逼進死胡同。**

還有，身為朋友應當做的事，就是維持友誼長長久久。沒有比這更令人感到寬慰的事了。如果能跟對方一直當朋友，請不動聲色地持續在此人身邊給予關懷。

71

什麼是摯友？

對情人所付出的愛情與對朋友所付出的友情，其實有些相似之處。

若要問「什麼是情人？」，那便是，如果雙方同性別肯定是一拍即合的好友。

若要問「什麼是摯友？」，那便是，如果雙方不同性別肯定是相互鍾情的佳偶。

自己遇到不爽的事可以忍耐，若情人遇到不爽的事則無法容忍。

當自己有開心的事時能低調以對，遇到情人有開心的事時則會比本人還要欣喜若狂。

「重要的人」其實就是「看得比自己還重要的人」

這個道理放在摯友身上亦然。摯友的難過痛楚，非但感同身受，甚至比摯友更悲傷憤怒。摯友的開心事，自己更加歡天喜地。所謂的摯友就是這麼一回事。

最難過的是，摯友因為自己的緣故遭到他人排擠，變得裡外不是人。

因為自己的過錯而傷害了朋友是最令人難過的。

甚至比自己受傷害更令人感到痛苦。

能讓自己這樣設身處地著想的人才叫摯友。

可是若為了確認對方是否為摯友而興起讓對方「為自己而受傷」的念頭，這就是尚未進化為摯友的證據。

不論是愛情或友情皆需真心交付，而非強求而來。如果有人能讓自己奮不顧身，衷心期盼「此人能過得幸福！」，相信這人在自己心目中已是「摯友」。

朋友、損友、摯友的差異

此人若為異性
研判應該是無法交往的就是損友

此人若為異性
研判應該仍是可以做朋友的就是朋友

此人若為異性
研判應該能成為好情人的就是摯友

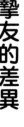

我來
決定誰留下
誰慢走不送

「人際溝通教科書」

結語

國小國中高中大學，每當環境改變或分班時，彷彿光溜溜被丟棄在荒郊野外般的不安總是撲天蓋地席捲而來。

能不能結交到好朋友、會不會顯得格格不入、萬一進了一個沒特色又不起眼的小團體，校園生活是否會變成黑白的。

彷彿決定校園生活是否多采多姿的命運審判，令我不由自主地感到不安，還記得時常因為這樣搞到胃痛難耐。

對當時的我而言，沒有任何事比『孤獨』還要羞恥，羞恥的程度甚至可與當場全裸示人匹敵。所以我一心想超前其他人，早些穿上名為『朋友』的衣服以獲得安全感。

不要被別人討厭、不要表現得厚臉皮、但也不能顯得很消極，我戰戰兢兢察言觀色，佯裝出開朗又具社交性的自己，朋友也一個接一個的變多，甚至還曾獲稱為『班上的人氣王』。

班上同學都很愛戴我，甚至還有異性同學對我有好感。得到了自己夢寐以求的『彩色校園生活』，照理說應該是過著『順心如意的每一天』，可是實際上我一點都開心不起來。因為，那並不是真正的我。大家所喜愛的是偽裝的我、異性喜歡的也是偽裝的我，這一切不過是偽裝的自己受到認同，真實的自我已經從很久之前就孤零零地停留在自己心中。

明明就是不願孤單一人才偽裝自己的，結果卻自作自受讓自己徹底孤獨。

真實的自己根本不是會被所有同學愛戴的個性，拗脾氣又任性、頑固，會毒舌也會挑食，是個不甚完美的女孩，這就是真正的我。

雖然我也曾歷經討厭自己的時期，正所謂缺陷也是一種美，終究我仍是接受並喜歡這樣的自己。即使偽裝的自己深受喜愛，但也只會覺得那不是自己而感覺置身事外。

當時傾注那麼多的心力，言行舉止小心翼翼，忍耐了一堆麻煩事，最後只剩下曇花一現的友情，察覺到這個現實時，遲鈍如我也不禁心想，『怎麼會這樣』。

與其偽裝自我獲得他人喜愛，倒不如做真實的自己被討厭還比較釋懷。

當我們能這麼想時，就不再懼怕『孤獨』這件事。接著，人際關係才可能會有大轉變。

面對真實的自己，捨棄多餘的人際關係，不再扮『好人』之後，才會察覺到自己真正應該重視的人際關係是什麼。

不論人際關係如何最佳化，人際關係本身就是個麻煩，但正因為我們打從心裡覺得重視，才會心甘情願打交道，不會備感壓力鬧胃痛，能平心靜氣面對這個『舒服的麻煩』。

無需要求自己跟大家打成一片，無法跟大家做好朋友的話，一個人也行。我認為，能夠這樣想時，人才能真正做自己，才能建構尊重他人尊嚴的人際關係。

DJ AOI

PROFILE

DJ AOI

神秘主婦。為讀者指點人際關係與戀愛煩惱迷津的部落格、分享獨到人際溝通見解的推特人氣長紅，部落格的單月網頁瀏覽量高達六百萬次，推特的追蹤人數突破22萬。讀者群年齡層廣泛，但有關本人的一切仍舊是個謎。

BLOG http://djaoi.blog.jp
Twitter https://twitter.com/djaoi（主帳號）
https://twitter.com/DJ_aoi（副帳號）

TITLE

我來決定誰留下，誰慢走不送

STAFF

出版	瑞昇文化事業股份有限公司
作者	DJ AOI
譯者	陳姵君
總編輯	郭湘齡
文字編輯	徐承義　蕭妤秦　張聿雯
美術編輯	許菩真
排版	靜思個人工作室
製版	明宏彩色照相製版有限公司
印刷	桂林彩色印刷股份有限公司 紘億彩色印刷有限公司
法律顧問	立勤國際法律事務所　黃沛聲律師
戶名	瑞昇文化事業股份有限公司
劃撥帳號	19598343
地址	新北市中和區景平路464巷2弄1-4號
電話	(02)2945-3191
傳真	(02)2945-3190
網址	www.rising-books.com.tw
Mail	deepblue@rising-books.com.tw
初版日期	2021年2月
定價	320元

ORIGINAL JAPANESE EDITION STAFF

デザイン	SAVA DESIGN
イラスト	チヤキ
編集協力	ふくだりょうこ

國家圖書館出版品預行編目資料

我來決定誰留下，誰慢走不送 = The relationship between women is a drag/ DJ AOI作；陳姵君譯. -- 初版. -- 新北市：瑞昇文化事業股份有限公司, 2021.01
208面；14.8X21 公分
ISBN 978-986-401-463-7(平裝)

1.人際關係 2.生活指導

177.3　　109020634